マイグランパ
新渡戸稲造

ただ一人の生き証人の孫が語る

加藤武子×寺田正義

逆境は順境なり

新渡戸稲造

稲造・メリー夫妻

ジュネーヴにて
孫の誠と武子を迎える稲造

加藤武子近影
(2014年春)

鎌倉にて
ジュネーヴより一時帰国の稲造夫妻と孫たちと琴子

バークレーにて
左から加藤英倫、武子、幸子

「お札の肖像三人（福沢諭吉、稲造、夏目漱石）展」にて

第一次世界大戦戦跡視察団
後藤新平（前列右）と稲造（前列左）の一行

米フォード自動車製造工場
後藤新平（運転席）と稲造（後部座席）

国際連盟事務局 執務中の稲造

稲造と事務局スタッフ

国際知的協力委員会
議長 稲造（左側テーブル左前から４人目）、キュリー夫人（左側テーブル右側手前から２人目）

小日向台の稲造の家

ジュネーヴの稲造たちが住んだ家

東京府中、多磨霊園の稲造の墓
召天記念日（10 月 16 日）には、とりわけたくさんの花が飾られる

多磨霊園の稲造の坐像
スマイルスポットから

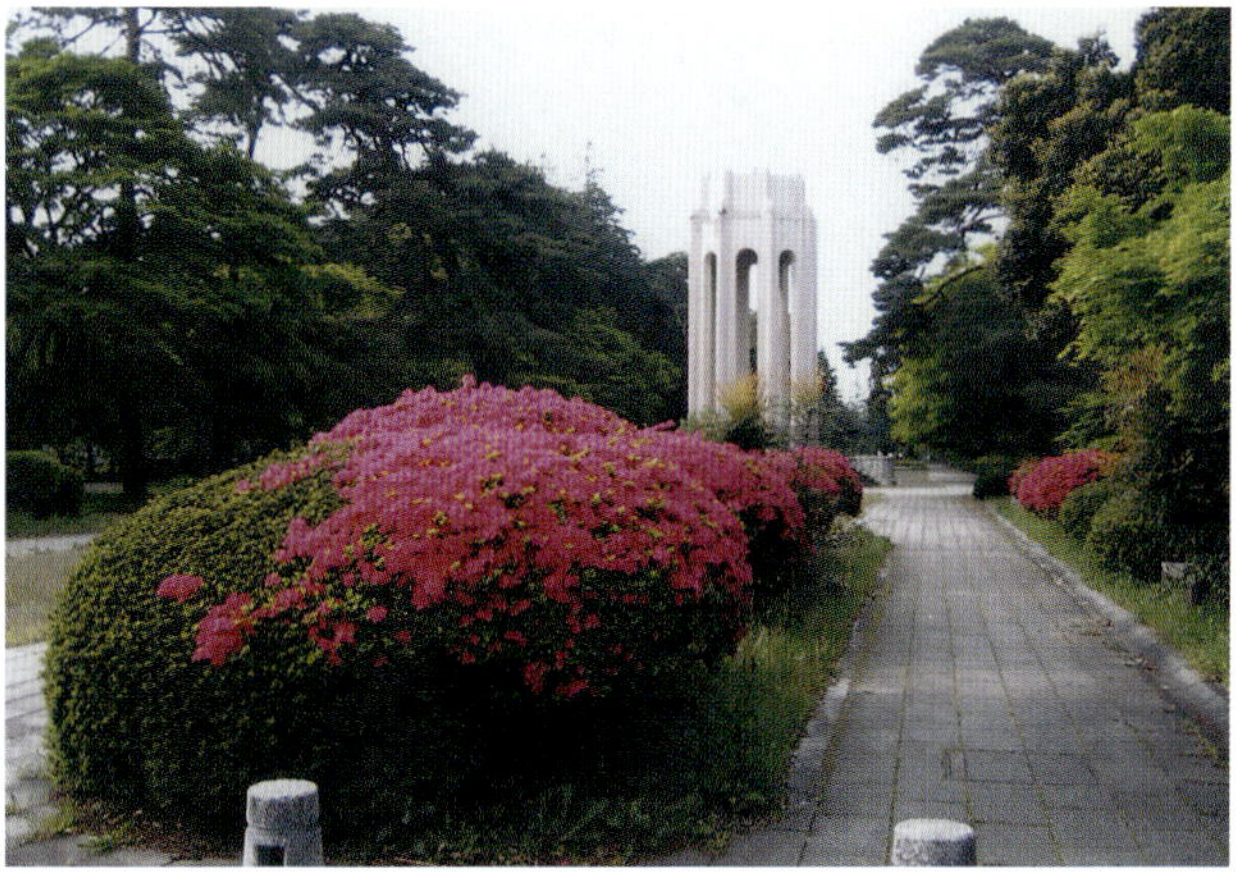

ツツジがまぶしい霊園の春

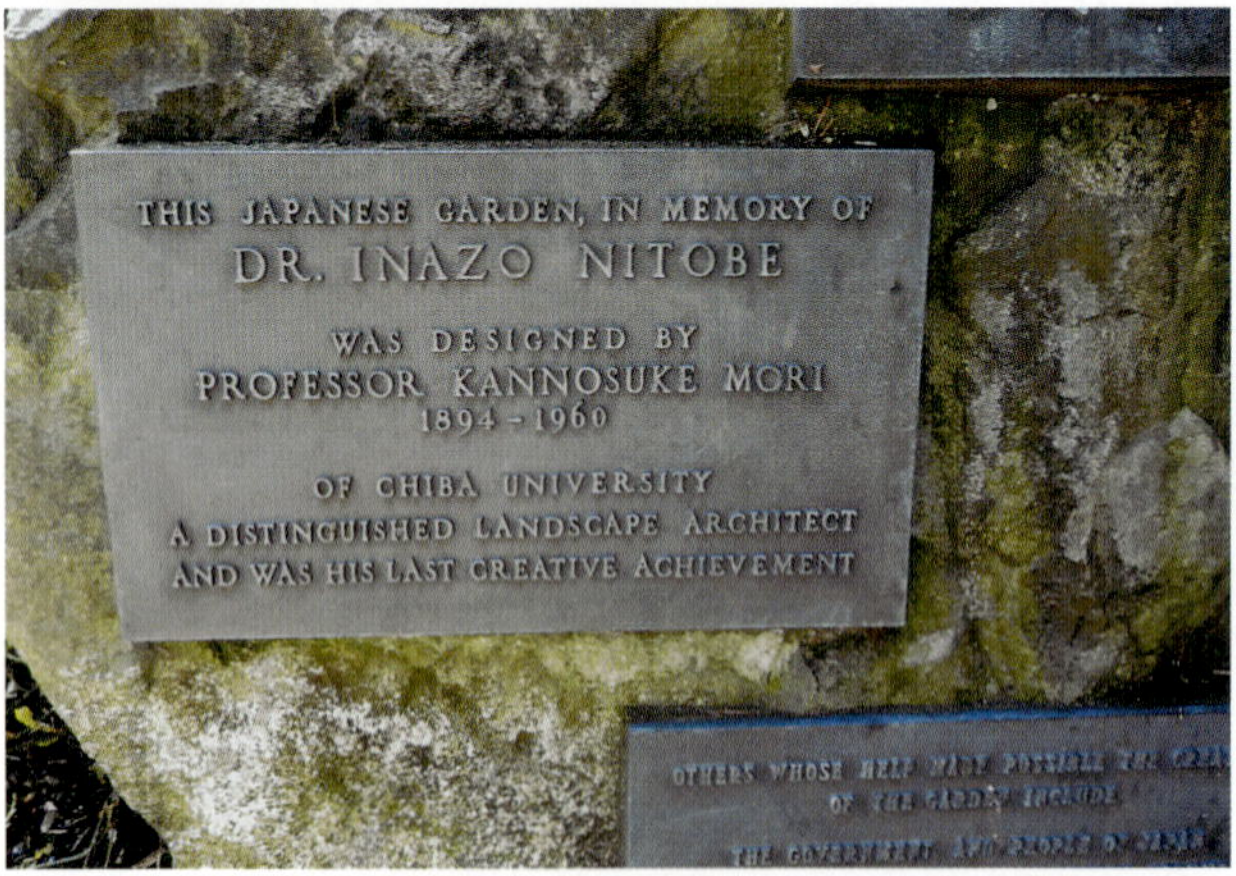

カナダ ヴィクトリアの稲造メモリアルガーデン

はしがき

新渡戸《にとべ》稲造《いなぞう》（一八六二―一九三三）が天に召されてから八〇年を過ぎました。今や多くの人にとって稲造は未知の人物となっているのは当然のことです。

稲造が東京帝国大学入学試験の個人面接の折、農学以外に英文学も学びたいという志望理由を述べると、文学部長外山正一《とやままさかず》教授（一八四八―一九〇〇）（後の東京帝国大学総長）は、「英文をやってどうするのか？」と質問なさり、これに対して、稲造は、「外国の思想を日本に伝えるだけでなく、日本の思想を外国に伝える太平洋の橋になりたい」と答えた、というエピソードがあります。稲造の人生は、実にこの志の実現、つまり、日本に、そして世界に貢献できる国際人となることにありました。

しかし、五千円紙幣に国際人の代表として稲造の肖像が登場するまでは、その名はあまり知られていませんでした。それまでは、書物の読者も少なく、専門的な研究者も多くはありませんでした。わずかに、『武士道』の著者として知られている程度でした。ところが、五千円札が出まわるようになると状況は一変しました。稲造は、生涯にたくさんの本を書きましたが、まずは、その本がまとめられて全集が出版されました。稲造の出自、人物像、業績、信仰などが次々に本に書かれるようになりました。

ある時、ふと気付いたのは、家族が書いた本がないということでした。豊かな精神的遺産を家族にも残してくれた稲造について、その喜びも悲しみも共にした家族の者が、世間にあまり知られていない事柄を明らかにすることも大切かなと考えたり、また「内輪話など必要ないよ」と弁解を好まなかった稲造の声が聞こえる気もしたりで、逡巡していました。

そんな折、「あなたが直接、見聞きしたことを、ただ一人の生き証人として書き表すことはとても大切なのではないでしょうか」というアドバイスをいただきました。稲造の素顔、妻メリーとの生活、家族との関わり、たくさんの人たちとの交流、海外生活の様子、クエーカー教徒としての信仰など、遠い昔の記憶の細い糸をたぐり寄せながら、まずはメモを作ってみました。これを、ほどほどの文章にするには、相当の体力と根気が必要であることは、若い頃手がけた翻訳の仕事を通して思い知らされていました。しかも、そんな経験から数十年も経ってしまった今となっては、文章化はとうてい無理だと思っていました。すると、口述筆記でどうですか、文章化はまかせてください、と提案者からの助け舟がありました。その申し出をお受けすることにしました。

この本の主たる目的は、ありのままの、つまり普段着の稲造の姿、そして家族の様子を知っていただきたいということです。それを見事に書き表した、稲造の妻メリーの一文がありますので、紹介させていただきます。なお翻訳は僭越ながら私の手になるものです。

新渡戸があまりにも寛容で、疑問と思われるほどにも包容力をもち、当然与えるべき以上の思いやりがあり、（中略）こういう彼の特性のために、たびたび全く予想外の方面から、紛糾した事態を打ち明けられましたり、絶望的な問題をも告白され、また幾度も度重ねて援助を求められたりしました。

慈悲深い行為と同情は、日本における『武士道』出版に関しまして頂点に達したと、私は思いました。この小著（『武士道』のこと）は、夫の健康上医師に強制された休暇の間、アメリカで書かれたものです。この本は、一九〇〇年にアメリカで最初に出版されました。私は新渡戸に、ぜひとも日本で同時に版権を取るように求めましたが、彼はその必要はないし、日本では誰もこの本を読みたいと思わぬ、出版など考えもしないと答えるだけでした。ところが結果は、彼が一、二年後に帰国しますと、『武士道』英語版がすでに九版を重ね、学校の教科書にも使われていたことがわかりました。彼は二度東京の出版社に抗議にまいりましたが、二度とも、どのような処置をなさったかと私が尋ねましても、答えるのを嫌う様子でした。私どもは出版社がその本から得た収益を自慢していることを知っておりました。ところが出版社主人は著者に向かって、妻の病いの話を痛々しく訴えました。

さて著者は妻が病気だということが、いかに大変かということを知っておりましたので、気の毒に思いました。そのような次第で、彼はこの手に負えない出版社の主人を厳しく処するに忍びませんでした。同情をもって遇せられた出版社主人は、さらに厚かましくなり、新渡戸の印を偽造してしまいました。その時、いわば、堪えに堪えた武士の刀が鞘走りました。これは希有な出来事でしたが、（中略）法的処置は取りませんでした。しかし、この出版社は失った信用を二度と取り戻せませんでした。

（『幼き日の思い出』二一〇頁）

私は九四歳となりました。何人かの方にお手伝いいただいて、ご覧のような本が出来上がりました。どれくらい新しい情報が皆様にお届けできるのか、まことに心許ない限りですが、家族の見た新渡戸稲造を少しでも知っていただくことができれば幸いこれにすぐるものはありません。温顔を絶やすことのなかったやさしい祖父、しかし、いざとなると毅然と微動だにしないたくましい人間に変わっていく祖父、そのような姿を思い起しつつ進める作業を、しばらくの間させていただいて、ありがたく思っております

国際人よ、出でよ、と願いつつ。

加藤　武子

二〇一四年四月九日

◉目次

II　新渡戸稲造の信仰・思想と行動

I

対談

——武子、新渡戸家を語る——

第一章　武子の誕生

稲造とメリーの結婚

――新渡戸稲造《にとべいなぞう》（一八六二―一九三三）先生は新渡戸家の第四四代の当主であられたという具合に、大変古い歴史を持った家柄の方です。ここでは稲造先生以降の方々のことを知りたいと思っております。

そこで、まず新渡戸稲造先生と加藤武子さんのつながりをお話しくださいますか。

武子　はい。では、稲造のことからお話しを始めましょう。と言いましても、私の生れるずっと前の事ですから、みなさまと同じように、このあたりのことは私もまわりの人のお話を聞いて知っているという程度にすぎません。まあ話のつながりとしてお話しすることにします。

稲造はアメリカ留学中に知り合った旧姓メリー・P・エルキントン（一八五七―一九三八）と一八九一（明治二四）年に結婚しました。稲造がアメリカの大学を終えて、ドイツの大学院に進んで卒業するまで何十回も手紙をやりとりしてお互いの理解を深め、愛を育ててきました。そして確信を与えられ、婚約・結婚へと導かれました。

しかし、それは多難な出発になりました。両家の主だった人たちの反対があったからです。両家の反対理由はおよそ次のようなものでした。

稲造の両親はもうこの世にはいませんでした。稲造は、留学先のドイツから、養父太田時敏にアメリカ人女性と婚約したい旨を手紙で伝えました。しばらく経って、養父から五十枚にも及ぶ長文の手紙が届きました。日本人は外国人と結婚してはならない、純血を守るべきである、異人種との結婚は結局は不幸な結果に終わるという趣旨のことを切々と訴えるものでした。折よくドイツに留学中の友人佐伯理一郎と広井勇に相談しました。キリスト者同士の結婚だから、時敏が心配するようなことにはならないだろうと友は賛成してくれました。時敏も、稲造の決意が熟慮の結果であることを知り、最終的には了承してくれました。

一方、メリーの方はどうだったでしょう。両親は、娘メリーが太平洋をはるかに越えた文明も立ち遅れている日本に行くことに不安を覚え、反対でした。大事な娘が、容易に会うことができない遠い国に行ってしまう、という親が抱く自然な感情ではなかったでしょうか。

両親はそうでしたが、当事者二人の、信仰に基づいた堅い決心を理解したメリーの二人の弟や数人の近親者、さらに親日家のモリス家の人々などが賛成してくれたので、教会は二人の結婚を認め、めでたく結婚式を挙げることができたのです。

――メリーのご両親は式には出席なさらなかったのですか。

武子　残念ながら、欠席でした。稲造もメリーも喜びの反面、重い気持ちのまま、アメリカを離れました。長い船旅の末、日本に着いた時、稲造はメリーの日本名を「萬里子」としようと決心しました。航海についても、結婚問題についても萬里の波涛を越えてやっと日本にたどりつくことができたという感慨が稲造の心を占めました。

結婚の翌年に男の子遠益《トーマス》が与えられましたが、わずか八日間の命でした。遠益の死は夫婦にとって長きにわたる悲しみのもととなりました。遠益は、札幌郊外の墓地に埋葬されましたが、ずっと後になりますが、私の母琴子（一八九〇―一九八五）がふびんに思って、稲造とメリーが眠る多磨霊園の新渡戸家の墓地に移しました。

メリーは、遠益の死に加えて産後の肥立が悪く、心身ともに衰弱していたのですが、皮肉なことに、お乳がたくさん出ていました。遠益より少し遅れて、稲造の姉喜佐のところに次男孝《よし》夫《お》（一八九二―一九三五）が生れました。姉喜佐のところは子だくさんで、経済的にも苦しい状態にありました。そこで、メリーのほうから申し出て、孝夫を引き取り、乳を与えることになりました。

孝夫と琴子の結婚と武子の誕生

――孝夫さんを遠益さんの代わりに育てようと考えたわけですね。

武子　ええ、そうなんです。数年経ってから、一八九八（明治三一）年に孝夫を正式に養子として迎えることになりました。その年、稲造夫妻が静養のためアメリカに向かったのですが、孝夫とアメリカ留学が決まった河井道を連れて行きました。アメリカに着くと一行はフィラデルフィアに向かい、孝夫をメリーの実家に預けました。孝夫は、アメリカで小学校から教育を受けることになり、クエーカー派の名門校ヒルスクールに入り、ハヴァフォード大学へと進んで行きました。

大学を出ると孝夫は日本に帰り、ジャパンタイムズ社に入社し、社説の執筆を主な仕事とするようになりました。のちに編集長にまで昇進しました。一九一七（大正六）年に、稲造夫婦の養女となっていた琴子と結婚しました。琴子は稲造の一番上の姉の孫です。私はこの夫婦から一九二〇（大正九）年に、二番目の子として生れました。ですから、私は稲造の孫ということになるわけです。

――上の方はお兄さんでしたね。

武子　そうです。兄の名は誠と申します。兄のことについては後ほどくわしくお話しする機会があるかと思いますので、ここでは、私たち二人の名前のいわれだけを説明しておきましょう。最初私はグランマ・メリーの日本名「萬里子」と名付けられるはずでしたが、同一家族で同じ名前が二つあるのは好ましくないという理由で役所は受け付けてくれませんでした。そこで両親は、兄誠の場合がそうであったように、尊敬してやまない稲造の書いた『武士道』という本から採ることにしたのです。私の「武」は女の子の名前につけるにはきつ過ぎるのではないかとメリーは言いましたが、後で納得したそうです。兄の名前の誠については説明はいらないでしょう。「誠」は、武士道の中心的思想だと、私は理解しています。

《補筆1》

多忙な人生

第一章は一気に三〇年間を駆け巡ってしまった感があるが、この章は武子さんが生れるまでの話である。したがって当然ながら、誕生以前から誕生後の数年に渡る事柄についてては、武子さんが成長してから家族の方や周囲の人から聞いた知識に基づいて話しておられるわけで、その意味では、読者の多くの人が持っている稲造についての知識と大差ないかもしれない。武子さんが生れた一九二〇（大正九）年には、稲造は数え年で五九歳、一般的にはもう引退の時期に来ている年令であるわけであるが、稲造の場合はそうはいかなかった。周囲の要請に応えて、さらに苛酷とも言える仕事につき進んでいったのである。

稲造が武子さん誕生あたりまでに携わった主な仕事は次のようになる。札幌農学校教授（一八九一―一八九七）、台湾総督府民生部殖産局長心得、のち臨時殖産局長（一九〇一―一九〇三）、京都帝国大学法科大学教授（臨時台湾糖務局長兼任）（一九〇三―一九〇六）、第一高等学校校長（東京帝国大学農学部教授兼務のち東京帝国大学法学部教授兼務）（一九〇六―一九一三）、東京帝国大学法学部専任教授のち経済学部教授（一九一三―一九二七）、東京女子大学学長（一九一八―一九二〇）、国際連盟事務次長（一九一九―一九二六）

稲造は時に要職を兼務したこともあり、そのために十分職責を果たしていないという不満も当事者たちから出たことがある。それでもなお周囲の要請に応えて余人の及ばぬ重責をになって行動し、遂にはカナダで客死するのである。

稲造の妻となったメリー・P・エルキントンは、フィラデルフィアでも有数の名家の出身で、クエーカーの信仰を継承し、六代目であった。祖先は石鹸とろうそくを製造して財を成した。メリーは大学に行かなかったが、十分な教養を身につけていた。クエーカーの集会に積極的に参加し、有能な働き手であった。その当時はアメリカでも男女同権とまでには至っていなかったので女性の地位向上のための活動にも関わっていた。稲造の第一印象は、「あのくらい気品があり、立派な態度で振る舞う女性が日本にもいたらなあ」というものであった。

第二章　関東大震災そしてジュネーヴへ

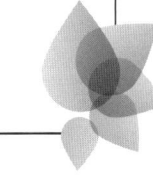

未曾有の大地震災害

——武子さんが生れた一九二〇（大正九）年と言いますと、稲造先生御夫妻はスイスに行っておられたのではないですか。

武子　そうなんです。国際連盟ができ、稲造は事務局次長に任命され、ロンドンで準備をしてからジュネーヴに向かいましたが、その頃、私が生れたわけです。

——その三年後に東京は関東大震災に見舞われました。一九二三（大正一二）年九月一日でしたね。稲造先生たちは、武子さんたちのことが心配ですぐにでも飛んで帰りたいと思われたでしょうね。

武子　震災の時には、私はまだ満三歳で世間のことはほとんど何も分からず、記憶にもないので、これからお話しする、この時期のことは、あとで聞かされたことです。

震災の翌年の四月にメリーが日本に戻ってきてくれました。なにしろ、まだ飛行機のない時代でしたから、四〇日以上もの長い船旅だったようです。スイスでは、日本の様子はさっぱり分からず、新聞では、「東京は壊滅的だ」というニュースを繰り返すだけだったようです。メリーは居ても立ってもいられず、メイドさんと二人だけで日本に向かってくれたのです。

――稲造先生は公務多忙というところだったのでしょうね。

武子 ええ、自分の責任を果たさねばということで、私たちのことを心配しながらもジュネーヴから離れることができなかったようです。でも震災の翌年の一二月に一時休暇を取って戻ってきてくれました。ドラモンド事務総長が、早く日本の家族のところに行ってくるようにと、しきりに勧めてくださったようですが、お役が大事ということで、なかなかみこしを上げられなかったようです。

――日本に帰ってこられた時の先生のご様子はどうでしたか。

武子 「こわかっただろうね」というのがグランパの第一声でした。でも家族の者が元気で、家の損傷もほとんどなかったので、安心したようです。稲造が一時帰国したということを知った大学や自治体からは連日のように講演依頼があり、日本に戻っても休む暇がなかったようです。グランパ、つい普段の呼び方が口に出てしまいますが、これからも時々、グランパ（grandpa）、グランマ（grandma）ということばが出てくると思いますがご勘弁ください。稲造は、講演では主として国際連盟について話したようです。

ジュネーヴに旅立つ

――稲造先生たちがジュネーヴに戻られる時に、ご一緒にスイスに行かれたんですか。

武子　いいえ、グランパたちが先にジュネーヴに戻りました。それは、一九二五（大正一四）年の二月だったと思います。同じ年の七月になりますが、母と兄と私の三人がスイスに向かいました。父孝夫はもちろん仕事で日本に残りました。

船旅はたいへんなものでした。島影の見えない大海原をはてしなく何日も何日も進んで行くのを幼い私ははじめて体験したわけです。でも私は海路も陸路もたいへん元気に過ごしたようです。ところが、母と誠はいけませんでした。途中イタリアに寄った時に食べた生ものがあたってひどい下痢症状を起こし、母はジュネーヴに着いた時もまだ治らず、それから数カ月を病院で過ごすことになってしまったほどでした。ですから、私は、最初のうちはグランパとグランマとメイドさんたちのお世話になって過ごすことになってしまったのです。

――ジュネーヴでは、武子さんはどんな生活を送られたのですか。

武子　ジュネーヴでは、グランパとグランマと私たち三人が一つの家に住みました。とてもきれいな大きい家でした。レザマンドリエ（アーモンドの木々）という名前が付けられていて、目の前にレマン湖が広がっているというすばらしい所でした。

ジュネーヴには実質、ほぼ二年くらい居たと思います。私はまだ小学生になる前で、小学校の準備教育をする施設に通いました。簡単なフランス語の単語を習ったり、お絵描きをしたりすることが中心でした。兄の誠はインターナショナル・スクールに入っていました。ジュネーヴはフランス語圏ですが、子どもの言語習得能力というものは驚くべきものだと、我ながら思っているのですが、誠も私もフランス語に囲まれて生活しているうちに、いつの間にか、私たち二人の会話もフランス語でやるようになっていました。日本に帰って、成城学園に入ったばかりの頃も、休み時間に校庭の大木の下で兄と交わす会話もいつの間にかフランス語になっていたほどでした。まわりの生徒たちから見ると、変なやつらと映ったと思います。

誠兄さんは大の人気者でした。頭が良く滑稽味のある日本人というのがスイスの子たちの印象だったようです。いつも私のほうが先にお勉強が終わるので、メイドさんに連れられて、兄の学校に迎えに行きました。すると兄はクラスの子たちに囲まれてうれしそうにお話ししているのです。ある子たちは別れがたいというふうに兄の手を握ったり、ハッグ・エンド…したり、それはたいへんなもてようでした。

《補筆2》

関東大震災——東京、横浜が焦土と化す

武子さんが満三歳の一九二三（大正一二）年九月一日午前一一時五八分、相模湾を震源とするマグニチュード七・九の大激震が関東地方を襲った。地震とそのあとに起こった火災のため、東京、横浜を中心に未曾有の被害を及ぼした。死者・行方不明一〇万四〇〇〇人、全半焼・全半壊五五万戸に及んだ。

地震が昼どきに起こったので、火災が多発し、折からの強風にあおられて東京市内一五区では一二八カ所から出火し、九月三日まで四〇時間以上燃えつづけ市域の四三・五パーセントを焼きつくした。水道管も破裂し、道路は家財道具を持った人でふさがり、消火活動はまったく行うことができず、延焼するにまかせた状態であった。

強烈な余震が九月一日のうちに三回、翌日も三回起こり、体に感じる地震は五〇〇回以上に及んだ。人々は飢えと渇きに苦しみ、故郷や身内の所に行こうとして鉄道に殺到したが、ほとんどの路線は不通になっていた。長い人の流れが何日もつづいた。

被害は東京、横浜に限らず、一府六県（東京、神奈川、埼玉、千葉、静岡、山梨、茨城）

の三四〇万人に及んだ。
狭く入り組んだ道路、オープンスペースの少なさなど都市計画の悪さが被害を拡大させた。東京・本所の陸軍被服廠跡（ひふくしょうあと）での被害は最も悲惨であった。二万坪（六万六千平方メートル）の空き地で格好の避難場所であったはずの所が、家財道具などの燃えやすい荷物を持ちこんだ人であふれ、そこに火の粉がふりそそいで、たちまち大火災が発生し、逃げ場を失った四万人もの人が犠牲になってしまった。自然災害に加えて人災の面もあらわにされた災害であった。

こうした混乱の中ではとんでもない流言飛語が発生するもので、混乱が混乱を呼ぶ状態になる。電信・電話は使えず、新聞も何日も見ることが出来ず、不安にかられた人たちから、「また大きな地震が来る」とか「津波が来る」とかいう自然災害に対する恐れだけでなく、「社会主義者や朝鮮人が放火をした」「朝鮮人が暴行を働いた」などという噂がまことしやかに語られ、自警団が組織され、朝鮮人と見るや、暴行そしてついには殺人に及ぶことになった。そのような状況にあおられて、軍や警察が動きだし、社会主義者や労働運動家が検束され、暴行・拷問を受け、無政府主義者の大杉栄はその妻と、たまたま一緒にいた六歳の甥の三人が絞殺され、井戸の中に投げ込まれるというような事件も発生した。

この大震災の数年前、それは武子さんが生れる一年前の一九一九（大正八）年のことであったが、稲造は第一次世界大戦の傷跡を視察するためにアメリカ・ヨーロッパを旅行していた。政治家後藤新平に同行しての旅であった。後藤とは、台湾に招聘を受けて以来、親交を結んでいた。後藤は、稲造の後半生の進路に大きな影響を与えた人物である。二人は、旅行半ばにしてパリで別れ、稲造は国際連盟事務次長としてロンドンそしてジュネーヴへと向かい、後藤は日本に帰り、一九二〇年には東京市長、そして数年置いて関東大震災発生後は、東京の復興のために帝都復興院総裁となり、活躍した。

第三章　学校時代

武子が受けた教育

――武子さんはどういう教育を受けたんですか。

武子　私はジュネーヴから帰国後すぐ、兄と一緒に成城学園小学校に入りました。私が一年生、誠が三年生でした。私は高等女学校を卒業するまでずっと成城でした。そのあと、某女子大学に進むことになっていました。この時すでに稲造は亡くなっていましたので、多分、その大学の出身者でもある母琴子がアレンジしてくれたのだと思います。

当時、その女子大はたしか全寮制だったと思います。当時、私はひどい喘息で苦しんでいました。夜おふとんに入ると、胃がよじれるくらいひどいせきが出ました。お医者さまからは、鎌倉の別荘で静養しなさい、とアドバイスをいただいていました。秘書のようにして稲造に仕えてくれていた上代タノ先生（のち日本女子大学学長）は、「ふとんをかぶって寝てればいいじゃない」などとのんきなことをおっしゃっておられました。あれは、「親元を早く離れて自立しなさい」という上代先生の励ましのことばではなかったのかと今にして思わされていますが、当時の私は、寮生活では喘息をいっそう悪化させてしまうのではないかと思って、大学進学をあきらめていたのです。

遠い小学校

――では、さかのぼって成城学園時代のことをおうかがいしましょうか。

武子　小学校に入ったばかりの時は、毎朝の通学がたいへんだったことを真っ先に思い出します。文京区の小日向台《こびなただい》から坂を下って大通りに出、バスでしたか市電でしたか飯田橋まで行き、省線（いまのＪＲ線）で新宿まで、そこから小田急線で成城学園前まで乗って、そこから一〇分ほど歩いて学校に着くというコースでした。およそ二時間近くかかりました。ですから、往復四時間ということになります。

学校までの途中、誠は真剣そのもので、私の手をしっかりと握り、決して離すまいと必死でした。毎朝、家を出る時、母は誠にきつく言い聞かせました。

「武子の手を絶対離してはいけませんよ」

私は活発なお転婆娘でした。いつなんどき、誠の手から離れて、雑踏の中に飛び込んでいくかわからないような子どもでした。およそ二時間もの間、誠は緊張の連続でした。私は私で、握られた手がしびれてきてしまいそうでした。

兄の緊張はやがて顔面神経痛となって現れました。お医者さまは、

「何か心に重圧がかかるようなことをさせていませんか」

とおっしゃいました。ずばり、そのとおりでした。

傘騒動

武子　もう一つ困ったのは、傘の問題でした。傘はさしていても、たたんでいても少々やっかいなお荷物であることは、どなたも経験しているところだと思います。今のように天気予報などというものがありませんでしたので、出掛けるときに空を仰いで、自分で天気の予想を立てなければなりませんでした。「晴れ」と思って、傘を持たずに学校に向かってしまったあと、雨になるとたいへんです。二時間かけて傘かレインコートを持ってきてくれるのは、なんとグランマ・メリーでした。母はどうしたことか持ってきてくれたことはありませんでした。

メリーが傘を持って学校に現れるとたいへんです。休み時間をみはからってグランマは大声

で私や誠の名前を呼ばわるのです。するとたちまち玄関に生徒の人垣ができてしまい、好奇の目で西洋人のメリーを見つめるのです。そんな中を、私と誠は駈けるようにして傘を受け取りに行くのです。すると今度は生徒の人垣は私と誠を囲みます。

「あの西洋人のおばあさんはだれだ」

「わたしのおばあちゃまよ」

「そんなはずないだろう。お前の顔は日本人の顔じゃあないか」

「だって、本当にうちのおばあちゃまなのよ」

こんなやりとりが日常化してしまいました。問題はさらに複雑になってゆきました。アメリカ大使館が、このことを知ったのです。

「新渡戸先生の奥様のメリーさんに、そんなことをさせてはならない」

一等書記官ご夫妻がこの役を買って出てくれました。ところが今度は、一等書記官のまわりに生徒の人垣ができてしまったのです。

「あの車に乗ってやってくる外人はだれだ」

「だれだか知らない」

「知らない外人が傘を持ってくるはずがないだろう」

「だって知らないんだもん。」

こんな具合でした。兄はこのような言い掛りをつけられても一向にひびかなかったようです。

伸び伸びとした学園生活

――当時成城学園のような私立学校では、勉強のスピードが速かったり、カリキュラムが公立よりも進んでいたのではないかと思うのですが、実際はどうでしたか。

武子　そうですね。学科は公立の学校よりも進んでいたかもしれませんが、子どもの私には、知るよしもなかったのです。心に深く残っていますのは、成城学園の雰囲気が、自由ということばがぴったりの学校だったということです。いま振り返ってみても、なにか伸び伸びとした空気が学園を包んでいたな、という感慨を持ちます。先生方の指導も、一人一人を大切に扱うということが伝統になっていたように思うのです。また、より高いものを目指すという観点からだったと思うのですが、それぞれの分野の一流の人たちが入れ替わり立ち替わり招待されて、生徒に話を聞かせるとか、実技を見せるとかをよくやっていました。小学生であった私などには、なぜこの人が呼ばれて来たのか、その演技はどういう意味があるのかなど、さっぱり分からないままぼーっと聞いたり、見たりしていることが多かったように思うのです。たとえば、N響の育ての親とも言われているローゼンストック（一八九五―一九八五）さんなどという超一流の指揮者が来てお話しをしてくれたりしたのです。

これらの特徴は、成城学園の創立者の沢柳政太郎《さわやなぎまさたろう》（一八六五―一九二七、東北大、京大総長、文部大臣を歴任）先生のお考えになった教育方針が反映されたものではなかったかと今にして思うのです。稲造は沢柳先生とは、同じ貴族院議員として良く知る間柄であったようですし、「孫を頼みます」とお願いしてあった様子です。

英語の授業でフランス語が

――授業で戸惑うことはありませんでしたか。

武子　授業では、次のようなことがありました。成城では、小学校低学年の頃から英語教育が始まっていました。

ある日、先生が私の方を向いて、

「うさぎは英語でなんていいますか」

とおっしゃいました。

私は反射的にフランス語で答えてしまったのです。すると、生徒たちは馬鹿にしたように一斉に私のほうを見つめました。

休み時間になると、いつものように大木の下に行ってみると、兄が待っていました。授業のことを話すと、

「武子が答えたのは、フランス語だよ。ＲＡＢＢＩＴと英語で答えればよかったのに」

と言われてしまいました。

こんな失敗も時々ありましたが、相変わらず元気に登校していました。

母 琴子の真意は？

武子　話は戻りますが、傘を学校に届けに来てくれたのは、グランマ・メリーの方で、母琴子ではなかったと申しましたが、母の名誉のためにひとこと付け加えておきます。良く考えてみると、母のやり方は必ずしも間違いとは言えなかったのではないかということです。むしろ子どもたちに自己責任の意識を持たせたかったのではないかと思うのです。傘がなくて雨に濡れて帰るのは、お天気の判断を誤った自分が悪かったのだ、ということに気づいて欲しいという母の願いがあったのではないかと思うのです。別の見方をすれば、グランマは甘すぎたということになるのです。

グランパ稲造は、通学時間のことや傘のことを気にかけてくれていました。間もなく、学校

の近くの祖師谷大蔵《そしがやおおくら》に小さな家を建ててくれました。家族四人で引っ越しました。お陰で通学の苦労はすっかりなくなりました。この家は後に、成城の家と呼ぶようになりました。

初めてのミツマメ

――楽しいことがたくさんあったんでしょうね。

武子　ええ、こんなこともありました。私が四年生だった時だと思います。その日は運動会の日でした。成城の運動会は、小学校から高等学校までの生徒が一緒に集まってやっていたので大規模なものでした。私が廊下を歩いていると、

「あっ、いた、いた」

という声がするや、いきなりだれかが私の腕をつかんで、走りだしたのです。背の高い大きな男の子でした。私はわけもわからず、転びそうになりながら言いました。

「何するのよ、何するのよ」

すると、

「なくなるから、なくなるから」

と繰り返して、ひた走りに走るのです。大きな木が二、三〇本も生えている所に「森の食堂」

というのがありました。私をそこまでひっぱってくると、男の子はやっと手を離し、

「まだありますか」

と店のおばさんに聞きました。

「はい、ちゃんととっておいたよ」

とおばさんは言いながら、きれいなガラスの器に入ったものを男の子に渡しました。それを私のほうに差し出しながら、

「おあがり、ミツマメだよ」

と男の子は言いました。私は、それまでにたくさんのおいしいごちそうをいただいてきたはずですが、一口食べてみて、こんなにおいしいものは初めてだと思いました。お豆が入っていました。あれ、三つじゃない、一〇個入っている、と思った瞬間、

「返さなくていいの？」

と男の子に聞いてしまいました。

「何を返すの？」

「これ」

とお豆を指しました。

「なんのこと？」

と男の子はしばらく考えていましたが、
「あっ、そうか。ミツマメのミツって、三つのことじゃあなくて、ハチミツのミツのことだよ」と答えました。一〇個あるから七個返さなくちゃ、と私は考えていたのでした。あとでわかったのですが、その男の子は、作家有島武郎《たけお》（一八七八—一九二三）（稲造が札幌農学校教授時代に教えた）さんのご長男（のちに森雅之という有名な俳優となる）だったのです。おうちの方からお世話になっている稲造先生のお孫さんだから可愛がってあげなさい、とでも言われていたのではないでしょうか。

《補筆3》

日本の学校制度

一八七二（明治五）年に発布された「学制」は日本で最初の近代学校制度に関する基本法令で、これにより全国に学校が造られるようになった。特に小学校の設立に力が注がれ、すべての国民は六歳で就学すべきであることが規定されている。

「学制」実施後、児童の就学率は急速に上昇していったが、「学制」に掲げられた理想と当時の日本の現実との間にはかなりの開きがあり、不満の声が高まり、一八七九(明治一二)年に「教育令」が公布され、「学制」は廃止された。この「教育令」は、小学校の設置や教員の就業義務などについては緩やかで、各府県にまかされていた。この不備を補うための「改正教育令」が早くも翌年の一八八〇(明治一三)年に出され、学校制度がより急速に整備されていった。こうした法令の整備の中で、一番の問題点は就学率の向上であった。文部省はじめ各教育関係者はかなりきびしい督促を各家庭に行った。府県によっては特別の規則を設けて、巡査に就学児童の取締りをさせたり、成績優秀者を表彰したりして就学を奨励する手段を工夫した。このような努力の結果、就学率は上昇し、一九一二(大正元)年には、男子九八・八%、女子九七・六%となり、男女の差は縮まってきた。

こうした中で、独自の教育理念を持った私立学校が大正期を中心に数多く誕生した。武子さんの通った成城小学校も沢柳政太郎によって設立されたが、沢柳は既述のように東北大学学長、京都大学学長そして文部大臣を務め、貴族院議員を歴任した人物であったが、持論の自由主義教育を実践する場として小学校を造ったのであろう。

中等教育および高等教育も幾多の法令の改正によって充実・拡張され、一九一八(大正七)年には、「大学令」が公布され、官立大学のほかに公立ならびに私立の大学が認められ、私立の専門学校の多くが大学に昇格した。一九二〇(大正九)年には、慶應義塾、早稲田、明治、法政、中央、日本、国学院、同志社が認可され、その後多数の私立大学が設立された。また、「帝国大学令」ができて、北海道帝国大学が既成の帝国大学に加えられた。

第四章　家庭人 稲造

小日向台の家

——小日向台の家は第二次大戦の末期に爆撃を受けて惜しくも焼失してしまったわけですが、とても大きな立派な家だったそうですね。どんな建物だったんですか。

武子　確かに大きな家でした。敷地面積一二〇〇坪（約四〇〇〇平方メートル）、建物総面積三〇〇坪（約九九〇平方メートル）、部屋が二六くらいあったと覚えています。家族用、来客用、働いてくださっている人たちのためなど合わせてのことです。今はそのような方はいなくなったのかもしれませんが、書生さんという、働きながら勉強なさる青年も一緒に住んでいました。その書生さんたちは、後には国を動かすような立派な人たちでした。

本当はこんなにりっぱな建物は必要なかったのでしょうが、メリーの実家エルキントンの家に似せて設計したものだと思います。稲造は、言い訳を決して言わない人でしたから、心の中では、この建物は分不相応だと思っていたとしても、口に出すことはありませんでした。

稲造の日常生活

――稲造先生はとても意志の堅い人で、ご自分の事はいつもきちんとなさっておられたと聞いていますが、ご家庭ではふだんどのようになさっていましたか。

武子　ひとことで言えば、決めたことは必ず実行するという人だったと思います。ですから、お兄さんの道郎と一緒に東京に出てきた時から始めたんだと思いますが、体の丈夫でなかった兄のために、その健康を祈って水ごりを毎日やっていたようですが、これが習慣になって、冬でも冷たい水を張った湯ぶねに毎朝起きるやいなや飛び込んでいました。とうてい私などにはまねはできません。

もうひとつ、私たちが知っている習慣は、日記をその日のうちに必ずつけるということです。すべて英文で書いていたようです。

新渡戸家の食卓

――稲造先生はお忙しい毎日を送っておられたわけですが、朝御飯はみなさんご一緒でしたか。

武子 はい、大体そうだったと思います。私たち子どもが元気に学校に行けるように、みんなでにぎやかに食事をしようと気を配っていてくれたのではないかと思います。そのかわり、夕食はグランパと一緒にできることはあまりなかったと思います。私は中村コックさんの朝のお祈りが大好きでした。中村さんがお祈りをするために床にひざまずくと、テーブルからふっと姿が消えるのです。その瞬間、なんとも言えない緊張感が走るのです。そしておごそかな気分にひたるのです。

――稲造先生はお祈りはなさらなかったのですか。

武子 ええ、中村さんにまかせていたようです。とても信仰深い誠実な方でした。

――お料理はどんなものが多かったんですか。

武子 実はほとんど洋食ばかりでした。と申しますのは、メリーはどういうわけか和食が苦手でした。日本に同化しようと一生懸命だったメリーですが、これだけは終生変わりませんでした。なにかの折りに、和食が出ることがありました。その時は、私は歓声を上げたいくらいうれしかったのです。洋食にちょっとあきてしまうことがあったのです。

グランパ稲造も和食党だったのではないかと思わされるところがあります。母が娘時代にグランパとよく汽車旅行をしたそうです。汽車が駅に着くと、駈けるようにして駅弁を買いに行き、座席に戻ると、やおらふたを開けて、ふたについたご飯つぶを一粒残らず食べてから、おかずに手をつけるのです。

「大切なお米をむだにしては農家の方に申し訳ない」

と口癖のように言っていたそうです。

書斎の稲造

——武子さんは稲造先生の書斎に入ったことがありましたか。

武子　母は、グランパのお仕事の邪魔をしてはいけませんと言っていましたが、静かにしていれば、グランパはなにも言わずにお仕事をつづけていることが分かったので、私はちょくちょく、こっそり書斎に入って行きました。子供ながら、その厳粛な雰囲気が好きだったのです。ある朝、こっそり書斎に入ってみると、グランパがデスクに座ってお祈りをしている姿を見てしまいました。もちろん私はそっと書斎からぬけだしました。グランパは朝、祈りの時間を持つんだということをはじめて知ったわけです。

――稲造先生は書斎にいらっしゃる時には、武子さんがそこにいても、見てみぬふりだったんですね。

武子　ええ、ほとんどそうでしたが、お仕事をとても急いでいるときには、「グランパは今忙しいからむこうに行っててね」とやさしく注意してくれました。今思うのですが、グランパはそしらぬふりをしながら家族の者にずいぶん気をつかっていたんだな、ということです。書斎のことではないのですが、夜、私が床に入って寝ていると、グランパがそっと見回りにきてふとんをかけてくれたり、私がベッドから落ちてそのまま床にねていると抱いてベッドに寝かせてくれました。私はそれをいいことに、わざとベッドの外に寝て、グランパにだっこしてもらうということを繰り返したのを覚えています。稲造はとうに私の気持ちを知っていたんではないかと思います。

――稲造先生は書籍をたくさん持っておられたことでも有名ですが、子供であった武子さんの目には、どう映りましたか。

武子　実は書斎の隣に書庫があってそこにもたくさんの本がきちんと収めてありましたから全部で万を越える本があったと思います。書斎も書庫も本が整然と並んでいましたので子供ながら圧倒されたのを覚えています。上代タノ先生が本の虫干しを手伝ってくださった時、どの本にも赤や青のアンダーラインや傍線が引いてあるので、「先生はこんなにたくさんある本を全部読まれたのかしら」と思われたと話してくれたことがあります。

そういえば、書庫についてこんなことも思い出しました。書庫の上のほうはおとなが背伸びをしても届かないので、移動できる鉄梯子がかかっていました。私はその梯子に乗って片足で床を蹴ってすーとすべらせる遊びが好きだったのです。

ある日、こうして遊んでいるうちに、ジャンヌ・ダルクの絵本を書棚の中に見つけたのです。へーおもしろそうだなと思ってリビングで読み始めたところにグランパが帰ってきました。そして間髪を入れずに言いました。

「この頃、私の絵本を盗む子がいる」

私も応戦しました。

「ちがう、ちがう。盗んだんじゃあない。盗んだんじゃあない」

またグランパの少々きつ目の冗談が始まったんだと私にはわかっていたので、逃げようとするグランパを追い掛けて、背中をぽんぽんとたたきました。すると今度はグランパが私の背中をぽんぽんとたたきました。あとは二人で大笑い。実は、稲造の「ただいま」の挨拶はいつもこんな風でした。

《補筆4》

なぜジャンヌ・ダルクか

新渡戸稲造はジャンヌ・ダルク（一四一二―一四三一）を崇拝していた。まず、ジャンヌの生涯を素描してみることにする。

一四世紀から一五世紀にかけてフランスとイギリスとの間で、のちに百年戦争（一三三七―一四五三）と呼ばれる戦争が行れていた。この断続的に起きた長い戦いは、二つの要因で始まった。ライン河の下流域にあるフランドル地方（現在のベルギーのあたり）はヨーロッパ有数の毛織物業が盛んな地方で、フランスは国境を挟んで隣接するこの地域を支配下に置きたかった。もう一つの理由は、フランスのカペー朝が断絶してヴァロワ朝が成立するとイギリスのエドワード三世は、母親がカペー家の出身であることを理由にフランス王の継承権を主張して軍隊をフランスに進めた。そして長い戦いの末、フランスはすっかり疲弊して、存亡の危機にさらされていた。

そのような時に、ジャンヌ・ダルクという一少女がシャルル王太子に謁見を申し入れて、それを許され、次のような神のお告げを受けたことを伝えた。「ジャンヌよ。シャルル王太子のところに行きなさい。そしてフランスを救うために戦いなさい」この時シャルルは戦況打開の方策が立てられないでいた。彼は半信半疑でジャンヌに軍隊を授け、軍旗を持つことも許した。ジャンヌは独自の軍旗を作った。ジャンヌは先頭に立ってこの軍旗をたなびかせ、兵士を鼓舞した。一本の矢がジャンヌの胸を突き刺したが、負傷の身もかえりみず、軍旗をひるがえして突き進んだ。兵士たちはこれを見て、奮い立ち、ついに敵に包囲されていたオルレアンを解放し、なおも転戦してイギリス軍を撃破していった。一四二九年には王宮を追われていたシャルルを国王に即位させた。

ドンレミという人口二百にも満たない小さな村で、両親の畑仕事を手伝っていた少女がいきなり英雄として祭り上げられた。戦争はまだ終わっていなかった。しかしシャルル王はもう自分の軍隊を貸してはくれなかった。そこでジャンヌは同志を集め、戦いに出ていった。こののち、敵国イギリスに通じるルーアンの司教らによる陰謀によって捕えられ、異端の罪を着せられて宗教裁判を受け、火刑に処せられた。

戦況は、ジャンヌの死後、フランス優勢に進み、イギリス側はかろうじてカレーの一地域を領有するに留まるという結果となり、この戦争は終結した。

メリー夫人は追想集（『新渡戸稲造全集別巻』四四四—四五二頁　佐藤全弘訳）の中で、「ジャンヌ・ダークと新渡戸博士」と題して次のようなことを書いている。「稲造は英雄崇拝者で神秘家であり、札幌の学生時代からジャンヌ・ダークを崇敬し、イエス・キリスト、釈迦、モハメッドに加えて四大精神指導者としていた」さらにメリーは、ずっと昔、稲造自身が気味が悪かったと手紙に書いてよこした不思議な体験を紹介している。

「一九〇〇年にフィラデルフィアから日本をへて台湾に赴く途中、新渡戸はその年行われたパリ博覧会の審査委員をつとめてほしいと依頼されました。そのためフランスに数週間滞在し、ジャンヌ・ダークの生地ドンレミを訪ねる機会を得ました。彼がほとんど不気味に感じた出来事を書いてよこしたのを覚えています。新渡戸がドンレミとジャンヌを記念して建てられた会堂との間を歩いていて道が判らなくなったとき、猫が一匹彼に身体をこすりつけ、それから先に立って歩き、ジャンヌがその〝声〟をはっきりと聞いた泉へ導いて行ったというのです」

これまで述べてきたことをまとめてみると、なにゆえ稲造がジャンヌ・ダルクに強い関心を示したのかがうかがい知れるように思う。

メリー夫人が言うように、稲造が英雄崇拝者であり、神秘家であったことから、神の声を聞いて、みずから戦場に出て戦いフランスに勝利をもたらしたジャンヌの功績がまず第一の理由に挙げられなければならない。第二の理由として農村の若き一女性であったジャンヌがシャルル王太子のもとに行き、堂々とみずからの主張を述べ、王太子から支持を得ることができたという事実に示された見事に自立した女性の姿である。「女性は良妻賢母になる前に、人間として成長しなければならない」という稲造の持論にぴったりの人間像の体現をジャンヌに見たのである。

第五章　晩年の稲造

ピストル強盗

――一九二九（昭和四）年一月にピストル強盗が入ったのだそうですね。

武子　ええ。でもその時は、私たちは祖師谷大蔵の方に住んでいましたので、あとでそのことを知りました。新聞にも報じられましたが、だいたい次のようなやりとりがあったようです。

真夜中に強盗が入ってきて、メリーにピストルを突き付けながら、稲造の部屋に案内させた。

「金を出せ」

と強盗が言うと、

稲造が

「いくら欲しいか」

と聞く。

「一〇〇〇円だ」

と言う。

「そんな大金はない」

と答えると、

「じゃあ、五〇〇〇円」

「ずいぶんまけたな。でもそんな金もない」

「とにかく、あり金全部よこせ」

メリーが財布から何十円か渡すと、ひったくるようにして受け取って出ていこうとしたので、稲造は
「気をつけてお帰りなさい」

と言った。

警察に通報すると日を置かずにつかまったという。有名な説教強盗であった。メリーがあとで財布を見たら、いくらか残っていたので、「これを警察に持っていって強盗にあげなくては」とメリーが言うと、「そこまでしなくてもいいだろう」と稲造は答えた。二人は終始落ち着いていた、という具合だったようです。

生涯の親友 内村鑑三の召天

——さまざまな問題が起こって、ご苦労を重ねておられる最中に内村鑑三先生召天の知らせが来ました。一九三〇（昭和五）年三月二八日のことでした。

武子 そうでしたね。内村先生との生涯にわたる交友関係については皆さんの方がずっとよくご存じのことでしょう。年をとっても、二人の間には、暖かい豊かな心の通いがあったと思います。葬儀は召された二日後の三月三〇日だったと思います。葬儀が終えて、グランパが帰ってくる頃、私は小日向台にいました。グランパはがっかりした様子で帰ってくるだろうと予想していましたが、にこにこしながら家に入ってきました。

「とってもいい死に顔だったよ」

と明るい声で言うのを聞いて、ちょっと意外に思いました。きっと、自分も間もなく行くから待っててくれよ、という心境だったのではないでしょうか。

——本当に二人の間には、うらやましくなるような友情が生涯つづいたのでしょうね。

武子 はい。それぞれに苦労があったわけですが、その都度、なぐさめや励ましの手紙を交わしていたようですね。

――この際ですから、ついでに伺っておきたいのですが、この両雄は、後年、お互いに顔を合わせることがあったんでしょうか。

武子　それは、ありました。家族でも時々話題になっていたことですが、これは私が生まれるずっと前の話になりますが、一九一二（大正元）年に内村先生が小日向台の家にたずねて来られたそうです。先生は、豪壮な家を目のあたりにしてびっくりなさったそうです。「新渡戸にはふさわしくない」という意味のことを何度もくりかえしていたそうです。「こんな奴と友情が保てるだろうか」と先生は考え込んでしまったようです。しかし、これが、メリーのためのものだと後で知り、誤解は解けたようです。時を経て、一九二八（昭和三）年には、内村先生たちと受洗五〇周年を記念して青山墓地のハリス宣教師の墓参りをし、翌々日に新渡戸の家で会食をしました。ついで、一九二九（昭和四）年には札幌の一期生であり、交流を続けてきた伊藤一隆《かずたか》さんが召天し、その葬儀のために東京青山会館で二人は出会っています。

武子の両親の離婚

――武子さんがまだ少女期の時代に、ご両親に重大な出来事が起こったのですね、

武子　ええ、私が一〇歳かそこらの年だったと思います。父の姿がずいぶん長いこと見あたら

ないので母に聞いてみました。

「パパはどうしたの」

するとは母は、

「パパはアメリカのフィラデルフィアという所に行っています」

と答えました。ですから私は、何の疑いもなくそう思っていました。

後でわかったのですが、その頃、父の女性問題が明らかになって、稲造は父との養子縁組を白紙に戻していたのです。一九三〇（昭和五）年五月に両親は正式に離婚しました。そのような両親の事情を、一〇歳くらいだった私に理解できていたのかどうか、はっきり覚えているわけではないのですが、ずっと不在であった父のことが気になっていたことは確かです。

私の親友におませな子がいました。彼女の母親がだれかと私の両親の離婚について内緒話をしているのを盗み聞きしていたようです。ある日、彼女が私に言いました。

「ターちゃん（私のこと）のお父さん、今どこにいるの？」

「フィラデルフィアにいるってママが言ってたわ」

私は何の疑いもなく答えました。すると、

「うそつき、うそつき、ターちゃんのうそつき」

と言ってはやしたてるのでした。こんなやりとりが何度かありました。私は何のことで、こんなにいじめられるのかさっぱりわかりませんでした。実際両親の離婚のことをはっきり知ったのは、かなり年月が経ってからでした。

父は私たち子どもをとっても可愛いがってくれていました。特に私は、父にべたべたくっついて、肩車などをしてもらったりして、よく遊んでくれたのを思い出します。肩車は私が大好きな遊びでした。父が膝をグッと突き出すと、私は勢いよくその膝の上に両足をほんの一瞬乗せるや、父の膝を跳び台にして、今度は父の腕の中に飛び込むのです。父はちょっと私をだっこしてから、私の向きを変えて肩車をしてくれるのでした。そんなとき誠兄さんは、ただそれを見ているだけで、自分はやろうとしませんでした。

父がタイプライターを打つときの姿もはっきり覚えています。父はずっとジャパンタイムズの社説を書いていました。小さい頃の私には父がその器械で何をやっているのかわかりませんでしたが、その打ち方の速さには驚いていました。

まわりの者も「ピアニストにでもなれば良かったのに」と言ったりしていました。

松山事件

——稲造夫婦にとって晩年は苦労の連続だったように思うのですが、四国の松山で起きた事件は覚えていらっしゃいますか。

武子　はい、よく覚えております。私が一二歳くらいの時だったと思います。家の前に警察の検問所ができたので、これはたいへんなことが起きたにちがいないと思いました。

——今では松山事件として知られていますが、一九三二（昭和七）年二月に起きた事件です。稲造先生はそれまでにも何度も松山には行っていましたので、気心の知れた仲間と思って、旅館に集まった新聞記者と非公式のインタビューを始めました。

「これから話すことはオフレコにしてください」

と断ってから、話を始めました。

「日本を滅ぼすのは共産党と軍閥です。目下のところ最もこわいのは軍閥です」

と話しました。

海南新聞の記者が遅れて入ってきました。オフレコだったとは知らず、翌日の新聞に、新渡戸が軍閥批判をした、と書いてしまいました。その記事がスクープ扱いされ、たちまち全国に広まり、騒然となりました。小日向台の家の前は抗議をする人たちで埋まってしまったと聞いています。

武子　その通りなんです。中には刀を手に持って面会を申し込む人まで現れました。それで警察の検問所ができたわけです。

稲造のお弟子たちも心配して次々やってこられました。稲造をどこか安全な場所にかくまわねば、というので家じゅう探しまわったあげく、別棟の従業員が使っていた浴槽の中に隠れてもらおうということになりました。稲造にそのことを話すと、即座に、いやだという返事が返ってきました。

「このままで大丈夫」

と、いつものように平然としていました。ときどき玄関を出ようとするので、書生さんたちが稲造を引き止めるという具合でした。

——たしかに軍閥の勢いが増してきた時代だったと思います。前の年には満州事変が起こりました。また一九三二（昭和七）年五月には犬養毅首相が暗殺されています。

武子　この事件は太田常利が稲造を在郷軍人評議委員会に連れて行って、陳謝させたことによって、沈静しました。常利は稲造の後に太田時敏の養子になった人で当時、予備役の海軍大佐（予備役とは現役を終わったあと一定期間服務する兵役）でした。

稲造の召天

——稲造先生が天に召されたのは、内村先生召天から三年くらい経ってからでしたから、武子さんが一二、三歳の頃だったわけですね。

武子　一九三三（昭和八）年一〇月一六日（現地時間一五日）、カナダに会議出張中の稲造はカナダ・ヴィクトリアの病院で召天しました。グランパの死をいち早く知ったのは父孝夫でした。ジャパンタイムズに勤めていた関係で、通信社から情報を得たのではないかと思います。父は、稲造が亡くなった日から葬儀の当日まで、新渡戸の家に通い続け、多くの関係者への連絡や対応に当たったようです。父は葬儀にも参列しました。その年の一二月には『文藝春秋』に「新渡戸博士の心境を想ふ」という文章を寄稿しました。稲造の死の二年後の一九三五（昭和十）年に父は亡くなりました。猩紅熱《しょうこうねつ》のような病気にかかっていたのです。父は新渡戸家を追われましたが、墓石にはYoshio Nitobe Konoと書かれています。母 琴子がNITOBEの文字を入れるように取りはからったのだと思います。母は父を許していたのかもしれません。

——稲造先生のご召天は、日本だけではなく世界の各地にも衝撃を与えました。葬儀の様子はどうでしたか。

武子　グランパが亡くなったと知ったときには、私はわーわー泣いてしまいました。心に大きな空洞ができてしまったように感じました。私にとっても大切な大きな存在でした。

亡くなって一ヵ月後の一一月一六日に、稲造の遺灰（日本の遺骨と違ってすっかり形のない灰にしてしまうのです）を乗せた秩父丸が横浜港沖に着きました。艀船《はしけぶね》で遺灰を抱いたメリーが陸に上がると、河井道（恵泉女学園創立者）先生がメリーの前で泣き伏してしまいました。

葬儀は一一月一八日、青山斎場でおよそ三〇〇〇人の参列の中でいとなまれました。フレンド派式の葬儀で佐藤昌介先生（北海道帝国大学初代学長）の司式で行われました。葬儀の前日、皇室からも弔慰を表す使いの車が小日向台に来てくださいました。いつの間にか沿道に白い玉砂利が敷かれ、その上を真っ赤な塗りの車が入ってきました。車のボディの真ん中に金のご紋章が輝いていました。家の中の階段の踊り場に小さな机と椅子が置かれ、当主となった誠兄さんが座り、沈黙のまま、皇室からの頂き物を受け取りました。これらの儀式が行われている間、私は少し離れた部屋から、実はすべて見てしまったのです。見てはいけない、見ると目がつぶれる、とあらかじめ注意されていたので、大人の人たちは終始下を向いて黙祷の姿勢でいましたが、私は陰になった所から見ていたのです。幸い目はつぶれませんでしたけど。

《補筆5》

多磨霊園

……新渡戸稲造が葬られている多磨霊園は東京府中市の東端にある。この霊園は一九二三（大正一二）年、関東大震災の起きる半年前に完成した。面積三九万坪（一二八万平方メートル、東京ドーム球場の約二七倍）という広大な公園墓地である。新渡戸家の祖先の菩提寺《ぼだいじ》は盛岡市の久昌寺《きゅうしょうじ》であるが、稲造とメリー、息子の遠益そして琴子、誠、孝夫の墓は、多磨霊園の同じ敷地内にある。内村鑑三や矢内原忠雄、南原繁など稲造ゆかりの人たちも大勢この霊園に眠っている。

稲造の墓から少し離れたところにバス通りがある。朝倉文夫（彫刻家、文化勲章受賞者）作の稲造の座像がその通りに面してある。顔立ちが稲造そっくりに造られていると評価が高い。背後には百年を越える杉の大木が立っている。稲造が一高校長を辞任する時に矢内原たちから大きな花束をもらった。そこに添えてあった杉の枝が小日向台の庭で見事に根づいた。それを座像の完成とともに移植したのである。

この記念像の除幕式は一九三七（昭和一二）年五月一五日に行われ、武子さんが除幕した。この記念像は、第二次大戦中に何者かに持ち去られていたが、終戦後、いつのまにか元の位置に戻されていた。

なお、この霊園の桜には年を経た名木が多い。春にはたくさんの花見客が訪れる。

《新渡戸稲造が受けた栄誉・資格等》

1　日本で第一号の農学博士（1899年）
2　法学博士（1906年）
3　名誉博士（ブラウン大学、ハヴァフォード大学、南カリフォルニア大学）
4　ドイツ・ハレ大学からマギストロ・アルチュム及びドクトル・デル・フィロゾフィ（1894年）
5　帝国学士院会員（1925年）
6　勲一等瑞宝章（1933年・稲造没後に授与）
7　五千円札の肖像（1984年）
8　多磨霊園栄誉霊域に埋葬（1933年）

第六章　稲造亡き後の家族

遺稿の整理に打ち込むメリー

――稲造先生が召天なさったあと、メリー夫人はどのようにお過ごしでしたか。

武子　はい、とてもしっかりしていて、私たちの見たところでは、これまでと変わる様子もなく過ごしていました。きっと、天国での再会の確信があったからでしょう。

稲造の召天後、メリーはアメリカに帰るだろうと、一部の人たちは思っていました。なかには、アメリカに帰りなさいと言わんばかりに、メリーに直接質問を浴びせる人もいました。日米関係が排日移民法などの問題でますます険悪になってきていたこともありますが、あまりにもあけすけに自分の意見を言う人もいたりして、家族の者はひやひやしていました。そんなある日、メリーが家族の前ではっきり言いました。

「私は日本人になったのです。祖国はこの日本です」

私は思わず、グランマのところに駆け寄りました。そしてわーわー泣いてしまいました。グランマはしっかり私を抱きしめてくれました。

グランマは軽井沢が大好きで、稲造が亡くなってからもしばしば行っていました。軽井沢駅にはお気にいりのタクシーの運転手さんがいました。グランマが軽井沢駅に着くと、この方が待っていて、さっと別荘まで運んでくださり、お手伝いの方と二人で二階のメリーの部屋まで連れていってくれたのです。

メリーは軽井沢で、稲造が書き残した英文の原稿の収集整理に多くの時間を使い、二冊の本にまとめました。

(1) *Reminiscences of Childhood*（一九三四（昭和九）年、訳名『幼き日の思い出』（加藤武子訳、丸善））ジュネーヴ時代のものですが、都合で出版できなかったものです。あえて訳者として申し上げれば、とてもすばらしい文章で、しかも『武士道』などと比べて単語や文章構造などが平易で読みやすいものでした。英文のまま出版されなかったのは残念だったです。

(2) *Lectures on Japan* は一九三六（昭和一一）年に本になったものです。稲造にとって最も苦しい時代の日本論です。最後のアメリカ講演旅行（一九三二―三三年）。この旅行については、世間ではいろいろと言われていましたが、戦争の危険を少しでもやわらげることができればという願いがこもった日本論であると思います。

グランマにとって軽井沢が最後の地となりました。一九三八（昭和一三）年九月二三日、軽井沢で召天。満八一歳の生涯でした。

武子の結婚

――武子さんのご結婚についてお話しいただけますか。

武子　はい。私の結婚は第二次大戦の最中のことでした。母琴子は、私に、花嫁修業だというので、お料理だの、お花だのと一生懸命でした。私もそれに従いました。でも、お嫁に行く気はありませんでした。そんな気持ちでいた時、グランパ稲造はもう亡くなっていましたけど、グランパのお弟子の、宮内庁に勤務しておられた田島道治《みちじ》（後に宮内庁長官）さんがお見合い話を持って来られました。田島邸で、のちに夫となる加藤英倫《えいりん》とお見合いをしました。彼は私より一回りも年上で、今にして思えば、私が成城の小学一年生の時、彼は同じ学校の高等学校の最上級にいたことになります。体格の良い少し太めの人でしたが、正直そうな目だったので、田島さんにそう申し上げると「よし決まりだ」とおっしゃり、結婚式の準備を始めてしまいました。英倫は成城高等学校のあと京都大学に進み、卒業していました。英倫の父は、アメリカに留学した時、下宿の娘さんと仲良くなり結婚したのです。ですから、英倫はハーフです。英倫との間に一人の女の子が与えられました。名を幸子《ゆきこ》と申します。

結婚式の披露宴の時のことをちょっと思い出しました。宴の半ばのことでした。真向いに座っていた後藤一蔵《いちぞう》（後藤新平先生のご長男）さんが、私を見ては、しきりに笑うのです。最初、私にはなぜなのか分からなかったんですが、やがて、私がかぶっていた角隠しが小さすぎて、頭の上にちょこんと乗ってる格好がおかしくて笑っているのだと気づいて、私も一緒に笑ってしまいました。

夫英倫は、終戦後、私と幸子を連れてアメリカに渡り、カリフォルニア大学で東洋史の教授のアシスタントを務め、その後、モントレーのアーミーランゲエッジ・スクール、イエール大学の順に日本語教員として教鞭を取りました。英倫はアメリカに住んでいながらも、アメリカが好きになれず、英語によるコミュニケーションは苦手でした。一方、私と娘の幸子とはアメリカ社会に自然に溶け込んでいくことができました。幸子はアメリカでは、公立のジュニア・ハイスクールの途中まで学びました。成績はとても良くて、二度も飛び級をするほどでした。英語は幼少期の強みで、吸収が早くすぐに覚えてしまい、中一の頃すでにスタインベックやヘミングウェーなど大人の小説を読んでいました。日本に戻る頃には、日本語をすっかり忘れてしまっていました。

私の方は、日本に帰る前の数カ月間、英倫が勤めていた大学の図書館で、東洋部門の本の整理をアルバイトとしてやりました。日本語、中国語、韓国語、東南アジア諸語などの本が、整理されずに山積みにされていました。分類作業は、文字の判別ができる日本人なら、だれでもできるなと思いました。仕事を始めて間もない頃、私があっという間に本の整理をしてしまったので、図書館スタッフたちの驚きようはたいへんなものでした。とても楽しい思い出になりました。

英倫が、成城大学文芸学部の教授になることが決まり、帰国しました。定年まで勤め、九九歳で亡くなるまでおだやかな生涯を送りました。英倫は、新渡戸稲造全集の翻訳部分の一部を担当しています。

新渡戸家を守りぬいた琴子

――稲造先生が亡くなられてからのみなさまのご生活ぶりはどうなりましたか。

武子　はい、大変な変わりようで、小日向台の家は、グランマ・メリーと琴子、誠そして私の四人が残されましたが、働いていてくださっていた方たちも書生さんもいなくなり、また朝から来客が絶えなかったのが、訪れる人もほとんどなくなり、がら空きのひっそりとした家になってしまいました。そうそうアナ・ハーツホン先生だけはよく来て泊まっていってくださり、メリーと楽しく過ごしていました。

そのような時だったと思いますが、私は大発見をしたのです。母琴子がごく自然な口調で英語を話しているのです。ハーツホン先生が教えておられる大学を優秀な成績で卒業したということは聞いていましたが、アメリカに留学もしてないのにこんなに流暢に英語を話すとは。私はあらためて母を尊敬する気持ちになりました。

小日向台の家の維持管理も段々むずかしくなってきました。その頃は電気代は天井に付いている電球の数できまるという大雑把なものでしたから、とても費用がかかりました。母がどこかと交渉して、小日向台の家を各国の領事館などに使ってもらうことになり、私たちは引っ越しをしました。このように決断することは母にとってはとてもつらいことだったと思います。今思えば、母は耐えに耐えて、小日向台の家の維持管理に努めていたことが分かります。

戦争も終わろうとしていた一九四五（昭和二〇）年五月二五日、夜間の空襲で小日向台の家は全焼してしまいました。

母 琴子は、私の結婚後数年は、兄誠と成城の家で暮らし、その後、何度か引っ越しをして、最後は新大久保のマンションに住みました。エレベーターのないマンションの四階で、誠が同じ階の少し離れた所に住んで琴子の世話をしてくれていました。小日向台の家とは比べものにならない狭い住まいで、質素な生活をせざるを得ませんでした。

この新大久保のマンションに高木八尺《やさか》先生（稲造の弟子で、当時東大教授。稲造が最も信頼していた人物の一人）と上代タノ先生（当時日本女子大教授）が来てくださったことがあります。上代先生は狭い部屋の中を見回して、小日向台の家とあまりにも違いがあるので、「せめてエレベーターのあるマンションに入れないですかね」と母に悲しそうにおっしゃいました。高木先生の方はというと、マンションのベランダから見下ろしながら、「すばらしい眺めだこと。私もこういう所に住みたいな」と、さも感激したようにおっしゃいました。高木先生のことばに琴子は元気づけられました。タノ先生がおっしゃるようにできれば世話はなかったのですが、余裕のない生活をせざるを得なかったのです。

私は嫁ぎ先での家事その他で忙しく、なかなか母のところに行けませんでしたので、もっぱら兄の誠に母の面倒を見てもらっていましたが、それも限界となって、とうとう入院ということになりました。稲造の時代のころからお世話になっていたある大きな病院に入院しました。ある日病院に行ってみますと、母は何時間もほったらかしの状態にされていたように見えました。以前はもっと丁寧に看護をしてくれていたのに、と不満に思いながら帰ってきました。

翌日も病院に参りました。ちょうど一人の青年医師が母の診察をしてくださっているところでした。うしろ姿しか見えなかったのですが、その謙虚で一生懸命な様子に心を打たれ、思わず手を合わせて、「ありがとうございます」と小声で言ってしまいました。母の身のまわりもきれいに整えられていました。この方が母の最期を看取ってくださったのです。一九八五（昭和六〇）年一〇月、琴子は九五歳で天に召されました。母はあまり口に出さなかったんですが、稲造夫婦と同じクエーカーの礼拝場に行っていました。

――あとで他の方から聞いたのですが、このお医者様は、琴子さんのことを特に印象深く覚えておられるということなのです。それも不思議なことに武子さんがお出でになったその日のことのようですが、琴子さんは危篤状態でほとんど眠ったままでいたのが、急ににこりとほほえまれ、顔が輝いたということなのです。このような例は、それ以降も見たことがないと言っておられたようです。

このお医者様は、はじめのころは、病気は医学の力で治せると確信を持っていたそうですが、実際に医療現場に立ってみると、治るどころかどんどん患者が亡くなってゆく。そういう毎日で自信を失いかけていました。そんなある時、聖書に出会い、「永遠のいのち」という不思議なことばが目に飛び込んできました。聖書には、「死んでも生きる」とも書かれていました。イエス・キリストを信じる者は「永遠のいのち」を与えられる、ということを知りました。やがてその方はキリスト者となり、この「永遠のいのち」のことを患者さんに話すようになりました。今は医科大学の教授となって教鞭をとられ、臨床医としても研究者としても立派なお仕事をなさっておられるとのことです。

人気教授の誠

――締めくくりに、お兄さまの誠さんのことを少し詳しくうかがってもいいですか。

武子 はい。今でもそう思っているのですが、とにかくとってもすばらしい兄でした。きょうだい仲も良かったと思います。私が一方的に兄に甘えていましたので、兄はわずらわしく思っていたかもしれません。

兄は、成城小学校から旧制の成城高等学校を卒業して東京大学に進み、武蔵大学教授になりました。お芝居が好きで、舞台監督とか俳優のまねごとをしていましたので、芥川龍之介さんのご長男の比呂志さんと意気投合していたようです。兄は根はごく真面目でしたが、それでいてユーモアがおのずとあふれてくるようなところがあって大学でも学生たちに人気があったようです。

「ぼくがしゃべっていると、急に学生たちが笑い出すんだ。えっ、何かおかしいこと言ったかいって学生たちに聞くと、言った、言った、と学生たちはまた笑い出すんだ」

こんな話をよく聞かされました。稲造譲りの、まわりの人を飽きさせないユーモアのセンスの持ち主だったと思います。

兄はまたとことん学生の面倒を見るというほうで、たとえば、からだの調子が悪そうな学生を見ると、「きみ、大丈夫かい」と気軽に声をかけ、学生たちを励ましたりしていたようです。この辺も稲造に似ていると思います。

大学英語スピーチコンテストで武蔵大学の学生が初めて優勝した時には、兄は我が事のように喜んでいました。それこそ手塩にかけて育て上げた学生のスピーチが日本一になったのですから、当然だったかもしれません。

兄はいったん結婚しましたが、性格の不一致かなにかの理由で離婚し、その後、独身を通しました。潔癖な兄が何かがまんできないことがあったようです。

そうそう、兄のことでもう一つ思い出したことがあります。兄も私も子どもの頃、ピアノのレッスンを受けていました。私は大したことはなかったのですが、兄はたいへん上達して、いろいろな作曲家の作品を弾くことができました。第二次大戦が終戦となり、連合国軍最高司令官マッカーサー元帥（一八八〇—一九六四）が率いるたくさんの兵隊が日本に駐留しました。多くの施設や土地が接収されました。東京の山王《さんのう》ホテルは将校の宿泊所となりました。どういう手づるだったか忘れましたが、誠兄さんがピアノを弾きにそのホテルに通っていました。たくさんの曲を暗譜していて、それを見事につないで演奏するので、将校たちから大喝采を浴びました。兄の大得意はクラシックからジャズにするりと移行する奏法でした。そうそう、インプロヴィゼーションということばを思い出しました。そういうことで、兄は何回となく山王ホテルにお邪魔したようです。

兄は教授職をまっとうして引退し、一九八五（昭和六〇）年に六七歳でその生涯を閉じました。母も兄を追うようにして同じ年に亡くなりました。

《補筆6》

稲造と関わりのあった人たち

北海トリオ

札幌農学校時代の稲造と級友たちとの関わり・絆は、非常に強いものであったが、とりわけ、後世の評論家が「北海トリオ」と名づけた新渡戸稲造、内村鑑三、宮部金吾の交友関係は、近現代の日本史を飾る希有な例となったのである。

彼らは、東京外国語学校（のちの第一高等学校）の頃から互いに知る仲であった。宮部の言によれば、札幌農学校に来る前の三人の学業成績は、内村が飛び抜けて首位、残る二人は中位ということであった。

ある日、堀誠太郎という人が学校にやって来て、月に官費一六円も支給してくれる学校があることを、巧みな弁舌をもって話してくれた。いずれ劣らぬ貧乏さむらいの家の出である三人は、親の負担が軽くなると考えて、はるか北にある、この札幌農学校に転ずることを決意した。その時から、彼らは急激に親しくなり、お茶の水、聖堂にある図書館に集まって、一緒に入試準備をすることになった。

幸いにも、三人は合格して、札幌農学校の学生となった。鑑三と金吾は四年間同室の寄宿生活を送った。猛勉強のお陰で、だれが首位になってもおかしくないほどになった。切磋琢磨するなかで、彼らの友情は益々堅固となり、それが終生変わらぬものとなっていった。

卒業後は手紙（英文で書いたものが多かった）のやりとりを通じて、互いの動向を知り、喜びも悲しみも分かつ仲を保った。金吾は、二人からの書簡をていねいに保存していた。鑑三からのものは、なんと二百余通が残っており、稲造からのものは、現在、目にすることができるのは二五通ほどであるが、恐らく鑑三のものに匹敵するくらいのものが近い将来明らかになることであろう。書簡を読んでみると、暖かくおだやかな金吾が、彼らをつなぐ要であったことがわかる。

それぞれが、時の差は少しあるけれども、渡米留学をした。稲造は一八八四（明治一七）年九月に渡米し、アラゲイニ大学にいったん入った後、ジョンズ・ホプキンス大学の大学院コースに進み、卒業後すぐにドイツに渡り、大学院の勉強を続けた。内村は同じ年の一一月に渡米し、しばらく知的障害者の施設で働き、アマースト大学に入り、卒業後帰国した。宮部は、札幌農学校卒業後すぐに助教となり、少し遅れるが一八八六（明治一九）年九月、ハーバード大学に官費留学をし、理学博士号を取得して帰国した。そして、ただちに母校の教授となった。一九一八（大正七）年、北海道帝国大学教授、一九四六（昭和二一）年、文化勲章を受賞。北方植物の世界的研究者として知られるようになった。

彼ら三人は三様に活躍して、札幌農学校の卒業の時に誓い合ったように、二つのＪ（Jesus, Japan）のために生涯を捧げたのである。

II

新渡戸稲造の信仰・思想と行動

稲造の生涯を俯瞰してみると、見事に浮き上がってくるのは、彼の一貫した生き方である。その道を決めるまでの青年期の悩み、逡巡は、将来設計の上で必要なことであったろう。札幌農学校時代のアクティヴからモンクへの急激な変化がまさにその時期であった。渡米してクエーカーの信仰に接して初めて、追い求めていたものに出会った。それは、彼の出自と呼応し、見事なハーモニーを生み出したのである。

第七章　恵まれた血筋

稲造の人格形成に与えた先達の影響

新渡戸稲造の妻メリーは夫亡きあと、次のように書いている。

私共が知り合いました当初から、私は新渡戸稲造の並はずれた知的、精神的資質に気付かずにはおられませんでした。そして彼の資質への私の賛嘆と尊敬が常に増大しておりましたことをはばかることなく申します。同時に彼の人格の成長が時には逆境のもとで、着実不動に行われているのを、日々驚嘆しておりましたことを申し添えましょう。

（新渡戸稲造著・加藤武子訳『幼き日の思い出』底本のメリー・P・E・ニトベの「謝辞」二〇五頁）

稲造のこのような資質の成長は、自身の奮闘努力によっただけでなく、たくさんの人たちの薫陶があったことも否定できない。ここでは、主として、稲造の血筋を少したどってみたい。それは、稲造がまだ小さいうちに亡くなった父十次郎、また母勢喜《せき》であり、父の役割をも担って可愛がってくれた祖父伝《つとう》、さらには稲造誕生以前の曾祖父伝蔵にまで及ぶであろう。叔父の時敏のことも忘れてはならない。これらの人たちから稲造は何を学び、また資質の成長にどんな影響を受けたかを見ることにする。

父十次郎

稲造は、幼名を稲之助と呼ばれていた（便宜上、本文では、年令が稲之助の時代でも、稲造と呼ぶことにする）。祖父の伝と父十次郎が精魂こめて開拓した青森の三本木原（今の十和田市）で、初めての米の収穫があった時と合わせるようにして生れた末っ子であった。その採れた稲にちなんだ幼名である。時は文久二年（一八六二年）、江戸の時代であった。父十次郎は祖父伝と同様、南部藩の藩士で、武術だけでなく、学問にも優れ、藩主の留守居役を務めるため、盛岡と江戸を行き来していた。稲造の家にあったマッチやオルゴールや銀のフォーク、ナイフなどは、当時の盛岡では見かけたことのない舶来品であったが、これらは、十次郎が江戸からのお土産として持ち帰った品物であった。使いようもなく、タンスの中に他のがらくたとともににしまわれていたものを、あっちこっちひっくり返していた稲造がたまたま発見した品々である。これらの品物は稲造の好奇心をあおり、東京に対するあこがれの思いを膨らませていったのである。

十次郎は、藩の窮乏している財政を助けるために、藩で生産した生糸をロシアの商社に売ったらどうかと進言した。出る釘は打たれるの例えのとおり、外国排斥、攘夷論の気運の強い藩内の重臣たちの反発を受け、江戸留守居役を解かれ、看視付きの軟禁状態となる蟄居《ちっきょ》を命じられ、禄百石は断たれ苦悶のうちにこの世を去ったのである。十次郎、四八歳、稲造、数えでわずか六歳であった。

父十次郎の生涯から判断すると、稲造は、明敏な頭脳、先見性、時代の警世者としての洞察力を受け継いだと言えるであろう。

母 勢喜《せき》

母せきは夫亡きあと、武士の娘にふさわしく、子どもたちを愛情こめて、しかし厳しく育てていた。兄二人、姉四人、そして、末っ子の稲造の七人の子を、苦しいやり繰りの中で、懸命に養っていた。せきは藩でも評判の賢婦人であった。末っ子の稲造をとくに可愛いがり、夜はふところに抱くようにして寝た。

メリーも書いているが、こんなこともあった。稲造の一番年上の姉の娘が、つまり稲造の姪ということになるが、よく遊びに来ては泊まっていった。稲造より三つくらい年下であったので、泊まっていくときには、その子が家の中で一番年少であるという理由で、母がその子を抱いて寝た。稲造は、母の背中のほうに寝かされた。嫉妬心に燃えた稲造は、手を伸ばして、母越しに姪の髪の毛をひっぱって泣かしてしまったりした。とにかく、やんちゃで活発な子であった。長じて札幌農学校に入ってからも、始めのうちはその性質は変わらず、アクティヴ（活発な）というあだ名が付けられていたわけである。

少年稲造は、家を訪れる人たちが話してくれる、今や江戸から東京に変わった都会に憧れ、盛岡では見られない文物に触れたり、勉学を積みたいと考えるようになった。そのことをしきりに母にうったえるものだから、母も根負けして、亡き夫十次郎の弟太田時敏に養子として預けることにした。実は時敏は次のように考えていた。盛岡藩は戊辰戦争《ぼしんせんそう》（一八六八〜六九年）で旧幕府軍の側に立ち、新政府軍と戦い、破れていた。お家を再興するためには、優秀な人材の輩出が必要だと考えていた。やんちゃできかんぼうの稲造に将来を託せる素質があると時敏は信じていたのである。

叔父の時敏は、当時、武士の身分を捨てて、東京で洋品店を営んでいた。武士の商法とはよく言ったもので、実のところ商売はうまくいかず、時敏夫婦も苦しい家計をやりくりしていたが、二人には子どもがなく、少年稲造をぜひ養子にして学業を積ませたいと心から願っていたのだ。

病弱の兄道郎も自分の勉学のためと稲造のお目付け役として一緒に出発することになっていた。二人を乗せた駕篭《かご》は、何人かの世話人とともに盛岡を出立した。「男まさり」とも言われていた母せきであったが、面と向かっては、功なり名を遂げるまでは家に帰ってはならぬと言い聞かせてはいたものの、稲造を送り出すと、人の見えない所で手ぬぐいを目に当てていた。明治四年（一八七一年）、以降太田稲造と名乗ることになる。

時は過ぎ、稲造は札幌農学校三年になっていた。長年会っていない母に会いたいという思いが強くなっていた。「功なり名遂げるまでは家に帰ってくるな」と手紙のたびに母は書いてよこしたが、ぜひ成長した自分の姿も見てもらい、母に安心してもらいたいという思いもあった。休暇を利用して、思い切って札幌を出発した。陸路は馬で、海路はゆっくりと進む船で、それでなくても時間のかかる旅であったが、久しぶりの旅で、のんびりした気分になり、あちこち寄り道をしながら実家に着いた。そこで知ったのは母の死であった。葬儀は二、三日前に済んでいた。「ハハ、キトク」の電報は行き違いになっていた。稲造の心に、悲しみと後悔の念がいっきょに襲ってきて、その場に立ちすくんでしまった。

稲造は、終生母せきの手紙を巻き物にして懐に入れて、持ち歩き、母の命日（七月一八日）になると、それがたとえ、たまたま国外に居る時でも、自室にこもって、長い時間母の手紙を読んで、追想するのが習慣となった。

稲造は、『婦人に勧めて』の中で、次のように述べている。

私は女といへば直に母を連想します。自分の幼かった頃、限りなき愛を注がれたことを思ひ浮かべます。で、学校に運動会があれば、母の為に席を設けたい、成るべく敷物までも薦めたい。子供たちの元気な所を見物させたいといふ心から、特に婦人席を設けたいのであります。わたしはこの意味に於て常に女の味方であります。

（『新渡戸稲造全集』第一一巻一〇二頁）

稲造が母せきに対してどのような気持ちを持っていたのか明らかであろう。稲造の女性像は、この母に対する思いを女性に移し替えて形成されたものである。この全集第一一巻の解説を担当した神谷美恵子（稲造の弟子の前田多門の娘）は稲造の女性観について、次のように述べている。

全編を通じて明らかなのは、著者の極めて積極的なフェミニズムである。明治の終り頃から、女性の側からの女権拡張運動がおこり、この著書の出版された大正六年頃は、「新しい女」の行動が世間の注目を集めていた。しかし、新渡戸のフェミニズムは、それとは基盤を異にし、独自かつ内発的なものであったと思われる。当時としては、男性がこのように徹底したフェミニストであるには、大きな信念と勇気を要したことと考えられるが、そのよって来たるところは何であったろうか。

まず彼自身の性格にひそむ女性的なものが女性への共感と同情をさそった、と見られる。彼自身、自分が「生来の涙もろい」ことをみとめ、「神経質で感情的で、自ら女性の性質を帯びていると思う」とのべている。彼は女性の持つ「やさしい心」や「慰籍の力」を高く評価するが、同時にやさしいがゆえに、「それだけ女は男より弱い、私はその弱い者に対してどこまでも保護したい気がいたします」と騎士道的心情を告白する。さらに母堂の影響がみのがせない。「私は女といえばすぐ母を連想します。……私はこの意味において常に女の味方であります。」自分の幼かった頃限りない愛を注がれたことを思い浮かべます。」さらに、根本的には、著者の宗教的人生観の中に、婦人を男子と同列に、独立した人格として尊重する考えかたが、深く内在していることをあげねばならない。

（『新渡戸稲造全集』第一一巻四四九―五〇頁）

稲造は『武士道』の第一四章に「婦人の教育および地位」という章を設けているが、その中でキリスト教と武士道の神髄として双方に共通するものは、「自己否定」、「奉仕」そして「自立」であるとしている。ただし、仕えるべき対象に大きな違いがあることを認めている。すなわち、キリスト教では超越者に、武士道では男子は主君や国に、女子は夫や家族に仕えることを教えている、と稲造は考えていた。

稲造の女性観は、以上のように、母せきから受けた愛情に深く関わっていることを見てきたが、せきが稲造以外の子どもたちに示した愛情も、稲造に示したものとそう変わりはなかったと思われる。そういうわけで、姉や兄たちが受けた良き感化が、姉兄たちから稲造に伝えられ彼の人格形成に資して力があったと見ることもできよう。また多少脱線的に申せば、きょうだいの中には、稲造と親子ほども年令が離れた姉たちがいる女性軍団に囲まれて育てば、女性的性格が強くなることは必然だったと言えるかもしれない。

叔父そして養父の時敏

すでに触れたように、稲造数えで一〇歳の時に父 十次郎の弟である太田時敏の養子となり、江戸改め東京に、兄道郎と一緒に上った。時敏はどういう人物であったのか。洋品業を営む前は南部藩の武術の指南役つまり剣の達人であった。戊辰戦争で南部藩は旧幕府側に付いて戦い敗れた。反逆の首謀者藩主の身代わりとして家老の楢山佐渡《ならやまさど》が切腹を命じられた。時敏が介錯人になることを命じられた。しかし長年友人として交際してきた者の首を刎ねることなどとても出来ず、脱藩して東京に隠れ住んだ。東京の銀座で洋品店を営むが倒産してしまう。しかし、稲造に対する期待は大きく、藩立の共慣義塾から東京外国語学校に入学させ、さらに、創立二年目の札幌農学校へと進ませた。この学校は、寮費、食費、生活用具などがまかなえるほどの官費（月一六円）と小遣いが出て、時敏の負担も大いに軽減された。札幌農学校卒業後、稲造は開拓使御用掛として北海道庁で働いたが、勉学の志高く、開拓使を辞職して東京大学予科に進んだ。しかし、当時の東大では満足すべき学問は与えてもらえず、伸るか反るかの決意を持ってアメリカ留学を目指し、東大を中退して、アメリカに渡った。この時、時敏は大切にしていた秩禄公債証書《ちつろくこうさいしょうしょ》（明治新政府が元武士であった者に与えた公債）を現金に替えて、一〇〇〇円（現在なら恐らく五〇〇万円くらい）を渡航費用として稲造のために用意した。このように時敏は稲造のために、誠心誠意つくしてくれたのである。後年、稲造の兄二人が亡くなり、稲造が新渡戸家を継ぐことに同意したことも書き添えなければならない。

稲造が時敏に対して、どれだけ恩義を感じていたか、*Bushido*初版の献辞が時敏に捧げられたことに示されている。

過去を敬うことならびに
武士の徳行を慕うことを
私に教えたる
我が愛する叔父
太田時敏に
この小著を
ささぐ
(矢内原忠雄訳)

祖父 伝と曾祖父 伝蔵

稲造の祖父 伝および、さか登って曾祖父 伝蔵(維民)に話を変えよう。六歳で父を亡くした稲造を暖かく見守っていてくれた祖父は、すでに述べたように、伝統ある新渡戸家の当主であり、藩士として、また学者として藩士たちの尊敬を集めていた。三本木の農地への開拓だけでなく、十和田山から切り出した木を建築木材として販売しようという構想を実行に移したのも伝である。

十和田湖から発する奥入瀬《おいらせ》川《がわ》を利用して河口の百石《ももいし》まで四千五百本という大量の材木を流すことに成功した。

新渡戸文書および三浦文書（『百石町誌』下巻六〇〇頁）には、河口に到達した材木がその後どうなったかがおよそ次のように書かれている。

河口に着いた材木をいかだに組んで、太平洋岸沿いに運ぼうとした時に、予想していなかった事態となった。海が大しけとなり、いかだの綱はたちまち断ち切られ、材木がばらばらになって漂流しはじめた。祖父 伝はそれでもあわてず、材木は必ず岸にうち寄せられると泰然としていた。果たして、伝の言う通りになり、やがて材木は、少しずつ小舟で上方まで運ばれ、これを販売して富を得たという。

このような祖父 伝であったが、時敏叔父の養子となる直前の稲造をどのように見ていたのか、稲造自身のことばである。

> どんなに自負心があっても、私は自分を良い少年だったとも、賢い少年だったとも主張できない。私は元気一ぱいな少年で、言葉も動作も機敏で、どちらかといえば、軽いアンファン・テリーブルの種類であった。私を養子にする叔父の計画に祖父は承認を与え、立

派に育てるには並大抵ならぬ責任がかかるぞと、叔父の注意をうながした。祖父は手紙にこう書いた。「わしは、お前がこの子を養子にし、東京で教育する計画に賛成だ。わしはこの子がわかっている。正しい方向に導けば、国の誉れとなろうが、もし指導をあやまれば、最低の悪党になる」

（新渡戸稲造著・加藤武子訳『幼き日の思い出』三五頁）

これに対して稲造は、国の誉れにも悪党にもならなかったと後に書いているが、祖父伝も稲造に並々ならぬ期待をかけていたのだと思われる。稲造自身がアンファン・テリーブルと言っているように、一面あぶなかしさはあるけれども、底知れぬ可能性を秘めた子ども、と祖父伝は考えていたようである。盛岡を離れるまでの稲造に、武士道の何たるかを教えてくれたのは、実に、この祖父であった。父十次郎が江戸勘定役として藩主に代わって江戸詰めをする間、祖父は幼い稲造に漢籍を学ばせた。祖父は一般的な藩士と違って、武術を稲造に仕込むことをしなかった。戦いを好まず、平和を望む人物であった。

ところで、祖父伝についての話を進めるためには、曾祖父伝蔵にまでさか登らなければならない。伝蔵は南部藩きっての藩士で、当時、南部藩には盛岡城と南数十キロ離れた所に花巻城があったが、南部藩の北には南部藩から独立した津軽藩があり、不和の状態が続いていた。一方、南には勢力を拡大せんと好機をねらっている仙台藩があり、仙台藩は伊達政宗（一五六七

—一六三六）の子孫が藩主を維持していた。伝蔵は、仙台と対峙する花巻城を管理する重要な任務についていた。この当時、幕府の目は外国ロシアに向けられていた。時代は、国内の領土争いから、外国から国を守るという情況に変わりつつあった。それは、領地内の兵力の一部を、国の防備の兵力に移すことを意味していた。花巻城も例外ではなかった。城を守る武士たちの多くが、新しい態勢に反対し、反乱の空気がみなぎっていた。城を管理する伝蔵は、この事態に臨んで、現状維持、つまり幕府の命令にそむく考えを藩主に伝えた。伝蔵の進言は受け入れられず、ただちに役をはずされ、流刑を言い渡されてしまった。

祖父伝も進退を問われた。流刑となるか、盛岡に帰り看視付きの蟄居を受け入れるかの選択を迫られた。「父に孝養を尽くす以外に生きがいはありません」と伝は答えて、伝蔵も伝も浪人となり、家族ともども苦難の道を歩くことになった。それは同時に、伝の才気が大いに発揮される時が来たことを意味した。それまで賎しめていた商いの方法を商人から学びとり、各地を渡り歩く行商をやり、家族の糊口をしのいだ。そうしながらも、目を未開の原野に、そして森林に向けて、田畑の開墾と材木の販売の可能性について考えていたのである。

青森の十和田湖の近くの荒れ果てた原野に目がとまった。息子十次郎との開拓作業が始まった。森林、原野を切り開き、十和田湖から潅漑用の水を引くために水路を作った。数年の労苦の末、荒地は農作が可能になるような田畑に変わった。後に稲生川《いなおいがわ》と命名される水路も完成した。前にも触れたように、初の米の収穫にちなんで稲之助という幼名が付けられたのである。

明治九年（一八七六年）、明治天皇御巡行の折、青森三本木の新渡戸家が行在所《あんざいしょ》に充てられ、天皇は御一泊された。その時すでに、曾祖父も祖父も父もこの世を去っていた。当時三本木の家を守っていた稲造の兄七郎と母せきがこの大事をとりしきった。稲造一五歳の時であった。その時の御下賜金《ごかしきん》の一部が稲造にも頒けられ、英文の聖書を購入した。御下賜金は五〇円ほど、稲造には二円が分け与えられた。二円は、現在の貨幣価値では二万円ほどだったと思われる。稲造がどこから聖書というものの存在を知ったのかはっきりしないが、その頃にはすでに東京で英語を学んでいたので、教科書として使っていた本の中に聖書についての記述があったものと思われる。

曾祖父も祖父も父もいずれ劣らぬ人格者であり、見識の高い人々であった。ところが三人が揃いも揃って主君のおとがめを被ってしまった。恐らくその理由は、時代の先を見据えての彼らの進言を、藩主をはじめとする重鎮たちには理解できず、藩の弱体化をもたらすもの、秩序を乱すものと受け止められてしまったのではないかと思われる。

時代の先を見据える稲造の能力には、卓越したものがあったと思われるが、まさにその能力こそ、先達から受け継いだものだった。晩年の稲造の行動をふりかえってみると、稲造の死後数年にして起こった、日中戦争（一九三七～第二次世界大戦に続く）や第二次世界大戦（一九四一

〜一九四五）を残念ながら予見していたのではないかと言わざるを得ない。晩年の稲造は、時の指導者たちの好戦的な対外政策を非難し、自ら和平の道を探るべく、アメリカ講演旅行を行い、そして、太平洋問題調査会理事長としてカナダのバンフに向かい、その地で生涯を閉じたのである。

晩年の稲造の心境について、養子である新渡戸（河野）孝夫は次のように書いている。

博士が烈々として金石をも溶かす愛国心と千萬人と雖も吾往かんとする正義とに拍車を当てられなかったならば博士は恐らく海を渡らなかったであらう。若し生還を期せずして出陣する武士を悲壮とするならば、当時の博士の心境は一層悲壮であったと謂ふを妨げない。も一つ記憶しなければならないのは、先年博士が内外に向かって、アメリカの排日移民法が存続する限り、断じてアメリカの土を踏まないと宣言したことである。然るに今率然として前言を翻した。そうして渡米の決意をした。天下は目を聳てて怪しんだ。しかしそれには重大な原因が存在したのである。

決して渡米せずと宣言した博士の理由はかうである。すなわちアメリカ人をしてこの悪法に対して日本人が如何なる感情を持ったかを明瞭に知らしめることが必要である。

―中略― 博士のこの態度は多くのアメリカ人を深く動かした。彼らはこの法律が日本における彼らの最善の友人をそれほどまでも痛憤せしめたことを遺憾とした。彼らはあらゆる努力を傾けてこの法律の改正を計った。―中略― しかるに、満州事変後に生じた反日感情は、移民法よりも重大であった。―中略― これが博士の従来の決心をひるがえさせるに至った真の原因であった。

（新渡戸孝夫「新渡戸博士の心境を想ふ」『文藝春秋』（一九三三年一二月号）九二頁）

第八章　内なる光を求めて
──クエーカー派の信仰へ

悲しみから信仰に

稲造が第一高等学校校長になったとき、学校の隣に家を借りて毎週木曜日の午後、相談会というものを行っていた。ある日、生徒の一人であった矢内原忠雄（のち東京大学学長）がやって来て「新渡戸先生の宗教と内村先生の宗教とは何か違いがありますか」と尋ねると、稲造は「内村は正門から入り、自分は悲しみという横門から入った」と答えたという。その時の自分は幼稚であったので、さらにつっこんで質問はしなかった、と矢内原は言っている。（矢内原忠雄『内村鑑三と新渡戸稲造』一〇四頁）

「悲しみとは何を指すのだろうか」

矢内原の心にこのことが疑問として残った。

初対面の矢内原には、当然ながら稲造の家族の事情など知るよしもなかった。すでに第一部で触れたように、その悲しみとは、母せきの死であり、そして息子遠益のあまりにも早過ぎる死であったと考えてよいだろう。稲造にとっては、母の死は十分過ぎるほどの悲しみであったはずである。それも後悔のまじった悲しみであった。寄り道をしないで真っすぐに盛岡に向かっていたら、母の死に目に間に合ったのに。何度悔いても、何年悔いても、その罪責感は消えなかった。

その後悔の念は、稲造の名著『武士道』にも現れているではないか。この本には「孝」に割くべき一章がないのである。孝は言うまでもなく孝行、すなわち、「親によく仕え、従うこと」であり、孔子を祖とする儒家の礼教（儀礼と教化）の基本徳目としては最も重要なものである。したがって、『武士道』に「孝」の章がなければならなかったはずである。しかし、稲造は考えた。自分は親に孝行をしたとは言えない。それどころか、かえって親不孝者だったのではないか。自分ができないことを人に強要することはできない。だから、書けなかったのである。稲造は母の命日（七月一八日）になると、巻き物にして肌身離さず持っていた母の手紙を取り出し、一日中自分の部屋に閉じこもって、手紙を熟読し、祈りと冥想にふけることを生涯守り通した。思慕の情と慚愧《ざんき》の念がそこにはあったのではないか。

稲造はメディテイション（瞑想）を重んじた。一日の始まりに家人から離れた所で一人祈ることを実行した人である。しかし、母の命日の時の冥想は、それとは異質のものであった。稲造にとって、瞑想はキリストと共にいる時間、そして冥想は母といる時間であったのだ。

遠益の場合は、どうだっただろうか。わが子との実感が沸く前に取り上げられてしまった。まことに、一瞬の喜びで終わってしまった。夫妻の悲しみはどんなであったろうか。神様はどうしてこんなむごいことをなさるのか、と神様を呪ったかもしれない。恐らく二人にとって、永い期間の悲しみの元であったろう。その間に、幼き者、弱き者に対する思いやりの気持ちがさらに育ったかもしれない。彼らは、「子どもたちを、わたしのところに来させなさい。神の国はこのような者たちのものです」という聖書のことばになぐさめを見いだしたかもしれない。

アクティヴからモンクへ

稲造の「悲しみから信仰へ」の行程の中で、もう一つの要因を考慮に入れてみることも無駄ではないだろう。彼は札幌農学校入学から恐らく二年生いっぱいくらいまでは、元気で活動的で、まさにアクティヴというニックネームにふさわしい少年であった。ところが乱読が主原因だったと考えられるが、性格の急変が起きる。ある時から笑顔が消え、沈痛な面持ちに変わってしまい、モンク（僧侶）と呼ばれるようになってしまった。学内の活動にも消極的になり、級友たちとの交流も疎遠になって、彼らも手をつけられない状態になってしまった。そのような苦悶の時期と重なるようにして、母の死に出会ってしまったのである。キリスト信仰に対する懐疑が起こっていたと判断してよさそうである。その苦悩は、札幌農学校を卒業して開拓使御用掛になっても消えなかった。官吏をやめて、東大に入学したが、授業に失望し、短期間で中退して、アメリカに留学するというめまぐるしい動きも、この苦悩がさせたのかもしれない。曙光が見えだしたのは、アメリカでクエーカーの信仰に出会ってからである。彼はそこでアクティヴを取り戻したのである。

少し時を隔てるが、一八八五（明治一八）年一一月ジョンズ・ホプキンス大学から宮部金吾に宛てた手紙に次のようなくだりがある。

しかし、カボ君、永年にわたり、心の中で苦悶苦闘を続け、罪悪をかさねたのち、ぼくは「神への奉仕」に全身全霊をささげてきました。それゆえ、今では「神の御名」をもっとも賛美し、人々の霊魂をキリストへ導くことができるようなポストであるなら、たとえそれがどれほど世に知られない隠れた職場であり、また、身分の賎しいものであろうとも喜んでその地位につきたいと念じています。

（『新渡戸稲造全集』第二二巻二五六頁）

この手紙は、稲造がクエーカーの信仰を通して生まれ変わり、元気さを取り戻した様子がはっきり分かるだけでなく、人生の目標がキリストを中心に描かれるようになったということを知ることができる。稲造のその後の実際の職業生活は余人もうらやむばかりのものであったが、心構えは、終生、この手紙にあるようなものであったのではないか。職業の貴賤を問わず、目標とするのは、魂の救いである。

稲造を知る者は、彼がどんなに謙虚であったか、どんなにお金に淡泊であったか、困り果て、弱り果てている人に対してどんなに親切であったか、などを見聞している。この性質は前に見たように、主として母譲りのものであったかもしれない。しかし、それにも増して、奉仕的、犠牲的精神の発揮を奨励するクエーカーの信仰から身に付いてきたものと思われる。

矢内原と稲造

さて、冒頭で矢内原のことが出てきたので、ここで少し別の観点から稲造を見てみたい。

矢内原が稲造に関して書いた三冊の書物に読者はどのように反応しているだろうか。発行年別に並べてみると、興味深い事実が浮かび上がってくる。

初版の発行年を比べてみると、次のようになる。

(1)『武士道』（矢内原訳）一九三八年（昭和一三年）
(2)『余の尊敬する人物』一九四〇年（昭和一五年）
(3)『内村鑑三と新渡戸稲造』一九四八年（昭和二三年）

そして、(1)は岩波文庫として二〇一三年現在九九刷目で、まさに一〇〇刷にせまろうとしている。(2)は岩波新書として二〇一三年現在四三刷目、この段階で絶版にする予定だという。(3)は現在絶版となっている。おわかりのように発行年代の古い(1)が現在も読み続けられ版を重ねている。(3)は、一三八頁ほどの、矢内原のものとしては、小ぶりの本である。今は忙しくて書けないが、いずれ本格的な物にしたいと「あとがき」で述べている。矢内原は、東大の稲造の講座を継いで植民地政策などの研究に打ち込み、さらには、東大学長に就任し、多忙のゆえに、(3)の続編を書く余裕がなかったのであろう。

矢内原は、この三冊の本を通して、稲造に対する敬慕の情を表しているが、同時に、注目すべきは、日本の軍国化を稲造とともに憂えているということである。幸い読みつがれている(1)の原文（英文）*Bushido*が出版されたのは、一九〇〇年（明治三三年）、日清戦争のほぼ四、五年後、日露戦争の四、五年前であった。そして、(1)の『武士道』の翻訳の出版が、日中戦争（一九三七～）の最中であり、しかも矢内原自身にとっても大変な時であった。彼は、一九三七年九月に

『中央公論』に「国家の理想」を寄稿し軍部批判を行い、その責任を取って当時教授であったが、東京帝国大学を辞任し、浪人生活を送っていた。『武士道』の翻訳の仕事は岩波書店の矢内原に対する生活支援でもあった。(2)が出たのが第二次世界大戦の直前、(3)は第二次世界大戦で日本が降伏して、わずか三年後の出版である。はからずも矢内原のいずれの本も戦争直前、直後のものである。

『武士道』が出版された頃の日本に対する世界の認識は、極めて幼稚なものであったであろう。この時代に、日本の道徳のよってきたるところを武士道に求めて、「横溢する愛国の熱情と該博なる学識と雄勁《ゆうけい》なる英語の文章とをもって日本道徳の価値を広く世界に宣揚したその功績は三軍の将に匹敵するものがある」と矢内原は書いている。「ペンは剣よりも強し」という平和主義を文章ににじませているのである。

稲造にとっても矢内原にとっても、平和主義とは反対の方向に流れゆく日本の潮流はなげかわしいものであったろう。いったん潮流が動きだすと破局にまで行かないと止まらないということを矢内原は体験したが、稲造はその流れをとどめるべく悪戦苦闘する中でこの世を去っていった。

第九章　良きサマリヤ人のごとくに
――生きて働く信仰

「良きサマリヤ人」とは？

聖書には、イエス・キリストが話したたとえ話がいくつか載っているが、「良きサマリヤ人」の話は広く知られているものの一つであろう。聖書から引用してみる。

ある人が、エルサレムからエリコへ下る道で、強盗に襲われた。強盗どもは、その人の着物をはぎ取り、なぐりつけ、半殺しにして逃げて行った。

たまたま、祭司がひとり、その道を下ってきたが、彼を見ると、反対側を通り過ぎて行った。同じようにレビ人もその場所に来て彼を見ると、反対側を通り過ぎて行った。

ところが、あるサマリヤ人が、旅の途中、そこに来合わせ、彼を見てかわいそうに思い、近寄って傷にオリーブ油とぶどう酒を注いで、ほうたいをし、自分の家畜に乗せて宿屋に連れて行き、介抱してやった。

次の日、彼はデナリ二つを取り出し、宿屋の主人に渡して言った。「介抱してあげてください。もっと費用がかかったら、私が帰りに払います」

(ルカによる福音書一〇章)


一人のユダヤ人が旅の途中、強盗に襲われ、半殺しにされて道に放置された。近くを同胞のユダヤ人しかも宗教的指導者である者がそしらぬふりをして通り過ぎていった。あとから来たのは、ふだんユダヤ人から嫌われ、ばかにされていた異教徒のサマリヤ人。彼は負傷したユダヤ人を親切に介抱し、宿屋まで連れて行き、翌朝、宿屋の主人に手当て代を渡して去っていった。「あなたの隣びとを愛せよ」というユダヤ人の律法を守ったのはだれか。イエスが律法学者に問い掛けた時に用いたたとえ話で、今日では、人が避けてしまうような、弱り果て、困っている人などに援助の手を差し伸べる人について、よく使われるたとえ話である。このような人物を称して、英語の成句《せいく》ではGood Samaritanと言う。

札幌遠友夜学校

人の難儀を見て、放っておけない性質の稲造は、札幌農学校に通いながら、札幌の町を鋭く観察し、一つの大きな問題を発見して、その解決方法を考えていた。それは教育の問題だった。貧しくて当時の義務教育（四年生まで）に通えなかった人たち、小さい頃から働きに出なければならなかった少女たち、このような人たちが通える学校がぜひとも必要だと考えていた。その学校は入学も卒業もなく授業料も無料でなければならない。このように考えてはいたが、お金も暇も捻出することが出来ず、また本人の外国での修学のために数年を要した。しかし留学中もこの志は変わらなかった。

このことは、一八八五（明治一八）年一一月一三日付けの友人宮部金吾（当時札幌農学校教授）に宛てた手紙（英文）に書かれている。以下鳥居清治訳で一部を紹介する。

二、三年前僕が未だ札幌で教へて居った時、僕は公衆のために学校を設立する必要を強く考へさせられた。僕の札幌学校の理想は三種の生徒を収容するにある。其の第一は老人或は成人の為にして、講義は邦語で歴史、経済学、農学及び自然科学を教ふること、第二は青年にして専門学校又は大学に入学を希望するも、官公立の予備校に入学することの出来ない人々のために、又第三には貧しい人々の子供等に夜学校を建て、初等小学の教育を授け、出来れば英語を少しく、又測量其の他の初歩をも加へたい。此等の部門に女学校を併備し、女子に刺繍、裁縫、編物を教へ、邦語の他に英語をも教へる様にしたい。斯かる企画は神の栄光を崇める道とならふと思ふ。片時も札幌に於ける此教育上の理想が脳中より離れない。

当時北海道にはきちんとした中学校がなかった。私立の予備校は二、三あったが質が悪く、そこから入ってくる学生たちに札幌農学校と師範学校は困り果てていた。そこで、北海道炭鉱会社の堀基が私財を投じて私立北鳴学校を建て、留学から帰った稲造が学校経営の責任を負うことになった。やがて道立の立派な中学校ができたため、この学校は一八九五（明治二八）年に閉鎖された。手紙に述べた第二の理想はこうして一定の役割を果たして消滅した。

稲造が最も必要であると感じていたのは第三の理想の実現であった。これが不思議な形で実現することになった。父ジョセフ・エルキントンから一〇〇〇ドルのお金がアメリカ滞在中のメリー夫人に手渡されたのである。これは、今日の二〇〇〇万円強に相当する額と考えてよいであろう。このお金は、エルキントン家に孤児院から引きとられた女性が生涯独身を通し、一八九三（明治二六）年に六〇歳を過ぎて亡くなった。その時に彼女が遺していったものであった。

夫婦は相談して、このお金を念願の夜学校の開設資金にしようということになった。札幌農学校の学生たちが中心となって始まった札幌独立教会に付属する日曜学校の土地・建物を買い取り、この地で夜学校が始まった。一八九四（明治二七）年一月のことである。

校名は二年後に決まったのであるが、便宜上、札幌遠友夜学校としておく。このいささか変わった校名にはいくつかの思いが込められていた。それは、生まれて八日目に亡くなった遠益に対する思いであり、「有朋自遠方来不亦楽乎」（ともありえんぽうよりきたる、またたのしからずや）の意味を少し変えて、これまでは関係のなかった遠く離れていた者同士が友となって一緒に学べる楽しさを表し、さらにうがてば、遠くアメリカの地から多額の寄付をしてくれた見えぬ友に対する感謝の念が込められていると解釈できよう。校長は稲造、先生は札幌農学校の学生であった。授業料もただであれば、先生も無料奉仕であった。

一週二日であったものがやがて毎日となり、普通の学科以外に、看護法、礼式、裁縫、編物などの実用科目に重点が置かれた。趣味、常識、品性の陶冶に力が注がれ、日曜日には修身講話などがなされた。学校が貧民街にあったので、看護婦の巡回や消毒液の配布などセツルメントのような仕事も先生・生徒が一体になって楽しく行った。

しかし、稲造は過労のため心身ともに不調となり、一八九七（明治三〇）年一〇月より医師の指示により、休職願いを出し、鎌倉、伊香保等で休養をとり、最終的にはアメリカに向かう。学生たちの復職願いもかなわず、ついに一八九八（明治三一）年札幌農学校教授を依願退官ということになった。稲造は親友の宮部金吾札幌農学校教授に夜学校の後事を頼んだ。宮部がそれ以降代表を務めることになった。

その後、夜学校は篤志家の寄付等により、教室を増設したり、老朽部分の大規模な修繕などが行れて、学校としての形を整えてゆき、一九一六（大正五）年には私立学校として認可された。一九二三（大正一二）年には、稲造の名義であった土地・建物がすべて法人に移され、財団法人札幌遠友夜学校の成立となった。

一九二九（昭和四）年に札幌市から旧校舎の払下を受けて、優に五〇〇名以上の生徒を収容できる校舎が完成した。この建物は、教室一〇、屋内体育館、職員室、当直室、図書室等を備えた立派なものであった。

このような経過をたどって、千名を超える者が学業を全うし、国の内外で活躍するに至った。たとえ学業を全うできなくとも、この学校の精神に触れた者の数はおそらく数千に及んだであろう。在学中は、ほとんどの生徒が昼間の職を持つ者たちであった。

授業料は無料、出欠・入退学自由という方針は終始変わらなかった。篤志家の寄付もあったとはいえ、稲造夫妻がどれだけの財政援助をしたか、はかり知れないものがある。

戦時中の一九四三（昭和一八）年六月、遠友夜学校創立五〇周年記念祝典が行われ、その翌年一九四四（昭和一九）年三月、その幕を閉じた。

『一人の女』という書物の背景

逆境は順境なり

稲造は、数々の逆境を切り抜けてきた経験をふりかえって、次のように言うことができた。

人生の進歩は境遇に対峙して始めて起こるものである。かういふ風に自分の奮闘力を惹起すものは、逆境でなく、むしろ順境といふべきである。

極めてあらく云えば、寒さは最初の間は身体に逆境であると称すべきだが、精神の発達及び五体の健康のためには長い間には、順境といふこそ至当であれ。

(『新渡戸稲造全集』第七巻　二九二頁)

この引用は『修養』という明治四四年に実業之日本社から出版された本を全集に再録したものからであるが、もとの『修養』という本は、青年層を始め多くの読者を得て、一四〇版を重ねるベストセラーになった。そして、『一人の女』という本はまさに、この逆境を見事に順境に変えることができた女性たちを描いたものである。それぞれの女性たちが稲造とどういう関係にあったのかを考えてみると、すぐに気づくのは、それぞれが、稲造に助けられた人たちではなかったかということである。

一つの話を取り上げ、梗概を述べてみることにする。

「窮境に立って天命を知る」

一人の女があった。彼女の夫は肺結核で長いこと床に伏していた。夫婦の間には三人の女の子が与えられた。夫のわずかな俸給で細々と暮らしを立てていたが、長い病気がわざわいして、とうとう免職になってしまい、わずかな収入も絶えてしまった。

そこで、彼女は、日中は外に出て働き、夜は内職をして家計を支えてきたが、夫の治療費もかさみ、たちまち窮境に陥ってしまった。

ある用事で私が何度か彼女の家を訪ねると、いつもニコニコしていて、つらそうな顔を見せなかった。「御主人の御病気はいかがですか」と私が尋ねると、少しでも良い時は嬉しそうに、「お陰様で、近頃は大分宜しいようでございます」と答える。また少し悪い時でも、「あまりハッキリいたしませんが、あすかあさってには良くなるでしょう」と言って、決して失望の様子は見せない。

彼女の家の事情を友人はよく知っていたので、私は彼に聞いてみた。「彼女があのように陽気にしていられるのは、何か都合のいいことが起こったからではないかい」友人は、「そんなことはないさ。日毎に悲惨さが増して、今では今日のことさえおぼつかなくなっているんだよ」と言った。私は、彼女の楽天的で、常に希望を持って人生を見つめ、他人といつも楽しく過ごせる度量の深さに感心した。

私は勝手に次のように考えてみた。彼女が他人に対してあのように振る舞えるのは、家では腹を立てたり、わがまま放題でいられるためだと。

私はそんな気持ちで、ある日、久しぶりに彼女を訪ねた。行ってみると、相変わらず夫は病床で苦しみ、ことごとく妻の世話になっていた。彼女はこまめに働いていた。子どもたちは、「お母さん、お母さん」と言って、近寄ってくる。私は、彼女が裏表のない人だと、尊敬の念を深くした。

私は意地悪にも、今度はこう考えた。「彼女がこうして振る舞えるのは、夫がいるからだろう。夫がこの世を去ってしまったら、こうはいくまい」程なく夫は亡くなったが、狼狽することもなく、悔やみに来た人に、「これはかねてから覚悟していたことです」とおだやかに話すのであった。間もなく、産婆の資格を取って開業し、次第に繁盛し、三人の女の子たちにも世間並みの教育を授け、それぞれが嫁いで、立派な家庭を築いていた。そんな中で、彼女は、娘たちの家族をあてにせず、産院の仕事をたんたんと進めていたのである。

この話の中の「私」も「友人」も稲造自身のことのようである。『一人の女』という本に登場する女性は二〇人ほどであるが、稲造はこの数倍の女性たちの相談や多くの場合、財政的援助を惜しまなかった。

聖書には、次のようなことばがある。

あなたは、施しをするとき、右の手のしていることを左の手に知られないようにしなさい。

（マタイによる福音書六章三節）

第一〇章　公務に就く

教育家から行政官に

稲造は、教育家としての年月が非常に長い。札幌農学校教授、遠友夜学校校長、京都帝国大学教授、第一高等学校校長、東京帝国大学教授、東京女子大学学長などの他に大学理事、客員教授、非常勤講師など驚くべき数に上る。このような学校の教員の仕事も当然「公務に務く」という範疇に属するであろうが。これらの学校の教員としての稲造の活躍ぶりはいろいろなところで紹介されているので、この本では、比較的言及されることが少ない2つのテーマ「台湾の糖業の改善」と「優諚問題」に触れてみたい。

(1)　台湾の糖業の改善について

かつて台湾が日本の領土だった時代があった。一八九四―一八九五年（明治二七―二八年）

に日清戦争という日本と当時の中国を支配していた清国との戦争があり、日本軍は各地で勝利をおさめ、台湾を賠償金の代わりにもらった。しかし桂太郎、乃木希典《まれすけ》等当時の一流の人物を総督として送っても、財政的には赤字続きであった。治安もみだれていた。

一八九八（明治三一）年、第四代総督として児玉源太郎（一八五二―一九〇六）が任命された。そして児玉は、本土で内務省衛生局長を経験していた後藤新平（一八五七―一九二九）をナンバー2の民政長官に抜擢した。

実は、児玉は後藤の仕事ぶりをかつて目にすることがあって、心に留めていたのである。それは、日清戦争の時であった。後藤が帰還兵に対する防疫対策を不眠不休で見事に成し遂げたところを児玉が目撃していたのだ。

さて、この二人が台北《たいほく》駅に着くと騎兵隊に出迎えられ、官舎まで護衛された。沿道には数メートル間隔で警官が立っていた。この異様な厳戒態勢がそれまでの日本の統治能力の無さを物語っていた。当時、土匪《どひ》と呼ばれる抗日ゲリラの勢力が強く、前任の総督たちはこれを治められずにいた。

途中の道路は狭く、汚水が流れ出し、アヘン吸引者がたくさん路上にたむろしている所を通り過ぎていった。

ただちに児玉を中心にした台湾の統治が始まった。後藤はまず、有能な人材を確保する必要を感じた。そのためには財政的な裏付けがなければならない。そこで後藤は千人以上もの人員整理を行った。台湾の伝統産業である製糖業を台湾経済の中心に据えようと考えた。指揮官として、日本で最初の農学博士号を取った新渡戸稲造が適任者であると後藤は確信し、児玉を説得して了解を得、交渉に入った。稲造はこの時、過労のため体調を崩して、札幌農学校の教授を辞し、アメリカで静養中であった。後藤は稲造に再三、依頼の手紙を送ったが、稲造からは病気を理由に断られ続けた。後藤はあきらめず、手紙を送り続けた。遂には、稲造も「おもしろそうな人だ、この人に仕えてみよう」という気持ちにさせられ、受諾することになった。破格の高給が約束された。またこのようにして、稲造の目覚ましい後半生を左右する交友関係が後藤との間に生まれたのである。

稲造はいったん台湾総督府に着任してからジャワ島などの製糖事業を視察し、台湾に戻った。最初稲造は総督府技師として着任したが、翌年一九〇二（明治三五）年には臨時台湾糖務局長となり、稲造は児玉の指示に従って、製糖事業のあるべき姿、つまり理想論を報告書に展開した。児玉も後藤もこの報告書に基づいて作業を行うことを同意した。稲造は農事試験場を作って、品種改良を行い、経験の深い古老を農事試験場に招いて新種の優秀さを納得させ、飛躍的な増産に成功した。市場は日本本土にあり、台湾経済は著しく好転した。一九〇〇年に三万トンだった生産量が、稲造亡きあとの第二次大戦直前の一九四〇年には五〇倍以上の百六〇万トンになった。稲造の意見書が功を奏し、官民協同の成果が示されたのである。稲造の在職期間は短かったが、台湾への貢献度は目をみはるばかりのものであった。一九〇四（明治三七）年に稲造は後藤の斡旋によって京都帝国大学法科大学（現京都大学法学部）専任教授となった。

(2) 優諚問題

一九二八（昭和三）年、稲造は国際連盟事務局次長を辞任して帰国したのち、勅選（天皇の命）により終身の貴族院議員になった。貴族院は文字通りほとんどが貴族・華族の者たちであった。稲造は国会で演説をするチャンスが一回だけめぐってきた。一九二九（昭和四）年二月二二日、第五六回帝国議会においてであった。その前の年、一九二八（昭和三）年から議論がかわされ、年が明けても決着がつかぬままでいた「優諚《ゆうじょう》問題」に関するものであった。優諚問題とは、およそ次のようなものであった。

第一六回衆議院議員選挙において内務大臣鈴木喜三郎が大規模な選挙干渉を行って野党の立憲民政党や無産政党の進出を食い止めようとした。鈴木は党の内外からの批判を浴びて辞任に追い込まれた。そこで、田中義一首相は、逓信大臣の望月圭介を鈴木の後任の内務大臣に、空席の逓信大臣に田中首相の同郷の財界人久原房之助を充てようとした。久原は、田中首相の薦めで政界入りを目指し、めでたく初当選を果たした新人であった。久原は、一代で久原財閥を築き上げたが、経営に失敗して会社を身売りするという経緯があった。新人で、しかも経営を破綻させるような人物をいきなり大臣に登用しようという田中のやり方に憤慨した水野文部大臣が辞表を提出した。ところが、三日後に行われた望月・久原の就任式の直後に、水野が、辞任を撤回するという声明を出した。昭和天皇から水野に直接、「辞めるな」というお声(優諚)があったというのである。優諚がなされたのは、辞任撤回後であったと田中は説明し、事態を丸く収めようとした。ところが、立憲民政党と貴族院は、これは天皇の発言を政治利用することだと反発し、貴族院の主要会派が共同で、政府の問責決議を提出し採択された。これが、一九二八年六月二日であった。問責決議が通ったにもかかわらず、田中内閣総辞職とはならず、ふたたびこの問題が貴族院で取り上げられ、一九二九年二月二二日稲造の演説の後、問責決議が再度提出され、賛成多数で採択された。稲造も賛成の演説を行っていたのである。結局、田中内閣は四か月後に総辞職となった。(ウィキペディアの記事を参照)

以下は第五六回帝国議会貴族院議事速記録第一九号の稲造の演説からの抜粋である。

(平仮名を用い、現代漢字、現代仮名遣いに変えてある。)

……………

優諚問題とも申すべき事柄が何となく政争論議の渦巻の中に取り込まれたような感が致しまするることは、本員の甚だ遺憾とする所であります、又平素政治に甚だ関係の薄いの如き者をして此の台に登らねばならぬと云う程に此の問題が紛糾したと云うことは、本員自身に取っては最も遺憾に思うことでございます、只今決議案に反対の御方々の御説を拝聴いたしまするると、決議案賛成の者共は各々別々の議論をして居って統一して居らないと云う御説が述べられたのでありまするが、成程、先刻より拝聴して居りましても、柳沢伯、阪谷男、塚本君、何れも別々の立場より此の問題に触れて居るのであります。併し是は却って決議案の賛成の理由を強めるものと私は信じまする、三人の演説なされた方々は決して相談の上に、相互に補い合うと云う結果になったのではなかろうかと思います。御相談があっても一向差し支えないことでありまするけれども……(速記録のまま)、期せずして銘々の立場より此の問題に触れたことと存じまする、富士も三十六景とやら、或は富士の百景もある位のものである、問題が大なれば大なる程、之れを討議する立脚の地が違うと云うことは、是れは自然のことであって、是れでこそ初めて問題の重大なることが分るのである、而して本員は此の決議案に賛成いたしまする理由として今まで賛成者の述べられない点に触れたいと存ずるのであります、先刻よりもしばしば御話もございましたが、此の問題は政治問題でないとか、或は簡単な法理の問題でない、私は之を法理の問題とも為し得ることが出来る、又政治問題とすることも出来る、否、一歩進んで之を道徳の問題として天下にうったえることも出来ると思うのであります、或は之を思想問題として討議し得ることと確信いたして居ります、中には此の問題を趣味的方面から御説きになった方もある位なものである、先刻来二度も御引合いに出ました昨年五月の末、学徒十七名が相寄りまして此の問題を討議いたしました、其の時の決議文は阪谷男が既に御朗読になりましたから、私はここに省略いたしまする、又其の時集まりました人々の姓名までも阪谷男が御読上げになりましたが、僅かと申せば僅かである、十七名ではあるが、本員を除いては何れも其道の権威者である、先刻は穂積博士の学説を引用されて、憲法の権威者が斯く述べた、以て斯の如き、今日此処に出て居る所の此の問題を議するが如きは、貴族院の為すべからさることであると結論をされた方もありましたが、憲法の学理に付いては穂積君にも劣るまいと思う人々も此の十七名の学徒の中にはあったのである、……我が従来の歴史を見ても、法理なしでも国が治まって居った、否な法理以上に国を治めるものがあったのであある、我が国体と称するものは即ち私はそれであると思ふ、（拍手起る）我が国体を簡単なる法理を以て論ずると云ふことが可能であろうか、私は之を憲法学者に聴きたいのである、斯の如き歴史を持って居る国家に仕へる者が、簡単に法理で説けば無罪であるが故に、敢て為すと云うことは我が国体の許す所ではないのである、……今日のように田中総理の優諚問題に対せらるる態度が、其の侭に世の中に知れ渡ったならば、自分等の如き多くの青年を相手にして居る教職にある者は非常な困難に陥って、思想の善導などは甚だ覚束ないとまで今日欠席の小野塚博士は憂へて居るのである、私もすこぶる此点に付いては同感であって、徒に耳を以て国民の思想を善導するが如きは、甚だ覚束ない政策、態度と思うのでありまする、是で私の言わんと欲することは尽きております事実に付いては、既に塚本君より縷々述べられ、此の問題の行懸りに付いては阪谷男より詳しく御話があったのでございまするが、私は自分の立場と致しまして此の問題に関連して、国民思想が如何に悪化しつつあるかと云う、此の点に重きを置いて、本決議案に賛成する者でございます。

……………………………………………………………………

（拍手起る）

同日の投票の結果、賛成百七二、反対百四九で問責決議案は成立した。

稲造はこの演説で、田中首相の問題処理方法が、大日本帝国憲法を遵守する日本の政治体制、すなわち国体、を揺るがしかねないものである、と田中首相の政治姿勢を糾弾している。演説の最後に、田中首相の優柔不断な姿勢は、教育界を混乱させかねない、このような国家の最高指導者の態度では思想の善導などを学校で説くことができなくなると決め付けている。結局、この内閣は数か月後に総辞職となったのである。

第一一章　太平洋の橋から世界の橋へ

国際連盟事務次長

第一次世界大戦（一九一四年―一九一八年）はヨーロッパを主戦場とし、三十余カ国参戦により、未曾有の惨禍をもたらした。イギリス・フランス・ロシアの三国協商とドイツ・オーストリア・イタリアの三国同盟との対立関係が強い緊張をはらんでいたが、一九一四年六月オーストリア皇太子夫妻がボスニアで殺害されたことをきっかけに、この対立関係が大戦へと拡大して行った。当初アメリカは中立を保っていたが、ドイツが潜水艦による無制限攻撃開始を宣言したことから、一九一七年二月にドイツに宣戦を布告するに至った。日本は日英同盟を理由にしてドイツに宣戦した。一九一七年にはロシア革命があり、ロシアはドイツと講和を結び、ついで一九一八年にはドイツ、オーストリアで革命が起こり、国内が混乱したため相次いで降伏し、大戦は終結した。大戦の結果、アメリカが台頭してきた。戦後処理のための講和会議がパリで開かれた。日本は米英仏伊と並んで五大国の一つとして会議に出席した。日本の全権団は西園寺公望《さいおんじきんもち》（一八四九―一九四〇）（この時、元首相、その後、再び首相を務めた）を団長とし、牧野伸顕《のぶあき》（全権次席、第一次西園寺内閣で文相）、珍田捨巳《ちんだすてみ》駐英大使、松井慶四郎駐仏大使、伊集院彦吉駐伊大使らをもって組織し、会議にのぞんだ。実質的には留学経験の豊かな牧野が日本の代表として活躍することが期待されていた。牧野は出発にあたって次のように抱負を述べた。

「日本は正義公正を標榜しながら、実際はその方針にしたがわず、列国から不信の目で見られている。私は、正道を踏んで、弱小国を助けることを主張したい」

牧野は、維新政府の要職を務めた大久保利通《としみち》（一八三〇―一八七八）の息子であり、日本政府きっての国際派であった。かつて、文部大臣として、稲造を第一高等学校校長に任命した人物である。

しかし日本の政府は牧野の抱負を拒絶して、

「ドイツから得た、中国での利権を死守せよ」

と牧野の行動にくつわをはめてしまった。

一九一九（大正八）年一月一八日、二七か国の代表が参加して講和会議の開会式が行われた。この開会式はいわば表向きのもので、主要な議題は五大国が別に開く首脳会議によって決定されることになっていた。

一月二〇日に首脳会議は始まった。日本からは牧野、そして他の四か国の首脳とは、まさに首脳であって、アメリカ大統領トーマス・ウッドロー・ウィルソン(一八五六―一九二四)、フランス首相クレマンソー、イギリス首相ロイド・ジョージ、イタリア首相オランドであった。

会議はウィルソンを中心にして行れた。アメリカの参戦によって局面が打開されたという見方が支配的で、ウィルソンが主導権を握るという形になった。

ウィルソンは世界の平和を維持する機関として国際連盟を設立するという提案を持ち込んでいた。一月二〇日の会議はこの国際連盟についての協議であった。

困ったのは牧野である。自分は日本の首脳ではない。しかも日本政府から厳しい制約を受けている。意見を求められたとき、牧野は次のように答えざるを得なかった。

「自分には最終決定権はありません。国の政府の意向に従わねばなりません。国際連盟という新しい機関については持ち帰って検討させてもらいます」

ウィルソンは荒々しく言った。

「日本は、他の国々が認めている国際連盟創設に反対なのか。また、ドイツが占領していた植民地は国際連盟の管理下に置くべきではないか」

このようにして、中国における日本の権益は認められず、また国際連盟設置案が改めて確認されるに至った。

これ以降の会議においても日本の代表団は沈黙を通さざるを得ず、「サイレントパートナー（沈黙の仲間）」と言われるようになってしまった。

牧野は苦しい立場に追いやられた。なんとか汚名を晴らす方策はないものか代表団は夜を撤して議論した。そのような息詰まった状況のときに、牧野の頭をかすめたのは、日本政府の訓令の文章である。

「国際連盟においては、黄色人種に対する人種的偏見のために、日本が不利に陥る事のないようにせよ」

これを基に、人種偏見による差別撤廃を規約に入れるように提案しようということになった。念のためにウィルソンに問い合せると賛成してくれた。排日の空気の高まっているアメリカが拒否をしたら苦労が水のあわになってしまうと恐れていた全権団は胸をなでおろした。

日本がどういう態度をとるかアメリカも非常にそのことを気にしていた。日本が国際連盟に加入しないのではないか、という懸念もあった。

何度目かの会議が開かれた。その日はなんとウィルソンは欠席であった。アメリカにいったん帰っていたのである。議長はイギリスの全権のひとりロバート・セシルが務めた。牧野から人種差別撤廃案が説明された。アメリカさえ賛成してくれれば、と考えたのは甘かった。イギリスは植民地で「日の沈む所のない大英帝国」を築き上げてきた。人種差別が撤廃されれば、帝国の存亡にかかわる。フランスやベルギーもイギリスと同じ事情があった。意見を保留する国が相次いだ。賛成は、ブラジル、ルーマニア、チェコスロバキアの三か国にすぎなかった。

セシルは日本案を却下した。牧野は日本政府にこのいきさつを次のように打電した。

「我が提案、不成功に終われたる事情が生じた場合を想定し、至急電信」

さしもの牧野もあきらめかけていた。そんな夜に外出しようとしたとき、一人の黒人が出口に立っているのに気がついた。アフリカのリベリアの人であった。

「人種問題でご奮闘くださってありがたく思います。我々はお話の通り迫害で苦しんでいます。これからもぜひ頑張ってください」

大国に虐げられている国の人々の反響の大きいことを知った牧野は、「ここであきらめてはいけない。もう一度、人種差別廃止のためにがんばってみよう」と決心をして、修正案を作り、日本代表団を説得し、皆で提案通過の作戦を練った。

国際連盟の規約作りの最終回であった。参加者は一七人、議長はアメリカから戻ったウィルソンであった。

議長に戻ったウィルソンの様子が以前とはちがっていた。アメリカでは、人種差別廃止の日本案に反対する声が広まっていた。ウィルソンはこの世論の声に傾いていった。ウィルソンの司会ぶりは歯切れの悪いものに変わっていた。

会議が始まるとすかさず牧野が修正案を説明した。「各国はすべて平等という主義にのっとり」という一文を、国際連盟の規約にではなく、連盟設立の趣旨を謳う前文に載せるというものであった。まずイタリア首相オランドが日本案に賛成を表明した。つづいてフランス代表ブルジョアも賛意を表した。牧野は諸国の全権団の意見を聞くべく採択をせまった。ウィルソンは渋々採択に応じた。結果は議長を除く、一一票対五票で日本案は圧勝した。

ところがそのとき、ウィルソンからとんでもない発言が飛び出した。

「日本案は成立しなかった。全会一致でなければならない」

牧野は即座に立って反論した。

「会議はこれまで多数決で決めてきたではないか。なぜ、今回に限って全会一致を求めるのか」

「このような重大な問題は全会一致でなければならない」

間髪を入れずウィルソンは日本案の否決を宣言した。

牧野は最後の力を振り絞って言った。

「日本案が賛成多数であったことを議事録に記述することを望む」

日本が国際連盟を脱退するのを恐れたアメリカとイギリスは妥協案として、中国の利権を保証するという提案をした。日本はそのことを受け入れ、条約に調印した。

国際連盟の設立に多大な貢献をしたウィルソンの国アメリカが上院の反対で国際連盟不加盟となってしまった。その他革命が起きたばかりのソ連、敗戦国ドイツも不加盟、また植民地は一切代表権を認められなかった。

このようにウィルソンの最初の提案にはほど遠い国際連盟が四二カ国の加盟で発足した。これは現在の国際連合の五分の一程度の規模である。連盟本部の運営をつかさどる事務局の陣容は、総長と次長二名、連盟公務員七〇〇名であった。

日本からも事務次長を出すようにという要請があった。しかし、人選に難航していた。その折りも折り、稲造が後藤新平と一緒に講和会議場に現れたのである。彼らは第一次世界大戦の惨禍の様子を見るために、ヨーロッパの国々を訪れていたのである。

たちまちのうちに、稲造の名が挙げられ、稲造に伝えられた。急遽、メリー夫人に同意を求め、申し入れを応諾することになった。青年時代に太平洋の橋となろうという大望を抱いたが、まさにこの時、世界に橋を架ける仕事に着手することになったのである。

しかも連盟の立役者がかつてジョンズ・ホプキンス大学大学院のゼミで一緒に学んだウィルソンアメリカ大統領であることを知って、少しでも世界平和のために役立つことができればという気持ちがあった。

稲造はヨーロッパ旅行から帰国せずに、そのままロンドンに行き、国際連盟事務所の開設準備に当たった。一九二〇（大正九）年に本部がジュネーヴに設置され、その地に移住することになった。

稲造はドラモンド事務総長を良く助け、演説も肩代わりすることが多く、明るくほがらかな性格もあいまって、高い評価と尊敬を得るに至った。

稲造が事務次長時代にやれたことを整理してみると次のようになる。

(1) オーランド諸島問題の裁定

第一次大戦（一九一四―一九一八）およびロシア革命（一九一七）の後、フィンランドは一九一九年にロシア支配から脱して共和国となった。フィンランドは同時にオーランド諸島（六五〇〇の小島、人口二万五〇〇〇人）の領有権を主張したが、スウェーデンとの協議が決着せず、発足して間もない国際連盟に調停が委ねられた。稲造が調停役を依嘱され、最終的には裁定案（妥協案ともいえる）を提示して決着がついた。オーランドはフィンランド領とするが自治領とし、自治権を大幅に認め、公用語はスウェーデン語とする等が理事会で決定された。

この困難を極めた領有権問題の解決によって、稲造の声価が大いに高まった。

(2) 知的協力委員会

世界平和を維持するためにノーベル賞受賞者を含む、世界的な名声を誇る人物で構成された。初期のメンバーはアインシュタイン、キュリー夫人、アンリー・ベルクソン（委員長）、日本から田中館愛橘《たなかだてあいきつ》（一八五六―一九五二）（物理学者、東大教授、文化勲章受賞者）ら併せて一二名がジュネーヴに参集した。

アインシュタインについてはたくさんの逸話があるが、次のようなものもある。時はずっと跳んで、第二次大戦が終わってからのことであるが、新聞記者がアインシュタインに第三次大戦はどうなると思いますか、と尋ねると、こう答えたそうだ。

「第三次大戦のことは分からないが、第四次大戦の武器は石器だけになるでしょう」

説明するまでもないと思うが、第三次大戦がもし起こったとしたら、核爆弾の応酬によって、現代文明は人も含めて全滅状態に追いやる最終戦争になるということを意味しているわけだ。

この知的協力委員会は国際連合のユネスコとなって、現代にも存続している。

(3) 子どもの権利に関するジュネーヴ宣言

のちに国際連合で満場一致で採択された「子どもの権利条約」に先駆けて制定されたも

のである。ジュネーヴ宣言はおよそ次の事を表明している。

人類はその子どもに対して最高のものを与える義務を負っていることを認識し、人種・国籍・信条を問わず、次のことを義務とする。

① 子どもは正常な発達のために、物心両面にわたる必要な手段を与えられねばならない。
② 子どもの飢え、病気、心身の発達の遅れ、あやまちには、それに対する適切な対策がなされねばならず、孤児・浮浪児には住まいと援助が与えられねばならない。
③ 子どもは緊急の時は真っ先に救助されねばならない。
④ 子どもは自立して生活できるよう導きを受け、あらゆる搾取から保護されねばならない。
⑤ 子どもは、その才能が広く人類同胞のために捧げられなければならない。

（『新渡戸稲造事典』九八―九九頁参照）

稲造は、できたばかりの国際連盟を世界中の人に知ってもらう必要があると考え、得意の雄弁術をもってチャンスを逃さず、国際連盟とは何かを説いて回った。日本に関東大震災後一時帰国した時もそうであった。このことも稲造の業績と考えなければならない。

太平洋問題調査会

稲造は太平洋問題調査会にも深く関わり、この会議の日本理事長の仕事が生涯最後の仕事となった。

太平洋問題調査会（The Institution of Pacific Relations）（略称ＩＰＲ）はハワイのＹＭＣＡ（キリスト教青年会）の活動を発端とする民間団体の会議であった。一九一九（大正八）年、アメリカＹＭＣＡ事務局はハワイＹＭＣＡに対し、太平洋地域のＹＭＣＡの指導者を召集して宗教的目的の汎太平洋ＹＭＣＡ会議をハワイで行うよう指示をした。これに対して、国際主義の団体でも活躍し、ハワイＹＭＣＡ設立でも貢献したホノルルの実業家フランクＣ・アサートンは、日本人に対する移民排斥問題の深刻化、中国における国民党革命など、潮流が宗教的問題よりも世俗的問題に移りつつあることを踏まえて会議の延長を主張した。彼の提案に基づいて汎太平洋ＹＭＣＡ会議準備委員会がもたれ協議の結果、次のような形式・内容で会議を行うことが決定した。参加者は世論に影響力のある有識者であること、同一問題を参加者全員が円卓会議方式で討議すること、会議は論争的でなく教育的であること、常設機関設立を模索すること、議題は各国共通のものであること等。そして会議の名称は「太平洋問題調査会」（略称ＩＰ

R）とすることが決定し、IPRハワイ会議が一九二五（大正一四）年七月に開催されることになった。アメリカ本土、カナダ、中国、朝鮮、日本、フィリピン、オーストラリア、ニュージーランド、ハワイに招待状が送られた。第一回ハワイ会議が成功裏に終わったことから、会議の恒久化を検討する臨時委員会が開かれ、アサートン、ウィルバー（スタンフォード大学学長）、鶴見祐輔（衆議院議員、参議院議員、厚生大臣などを歴任ののち引退し、評論家、文筆家として活躍）らがメンバーであった。

この後、第二回IPRが第一回と同様にハワイで行われ、以降一九五八（昭和三三）年第一三回まで続いた。日本では第三回（一九二九年）と第一二回（一九五四年）の二回、いずれも京都で行われた。稲造は、第三回と第五回（一九三三年、バンフ）に日本IPR理事長として出席し、演説等重要な役割を担っている。

各回の主要議題を示したものが表1である。

ここでは、稲造が日本の理事長を務め、京都で開かれた第三回会議の模様を紹介する。

京都会議は一九二九年一〇月二八日から二週間にわたって開かれた。議長は稲造が務めた。議長は開催国の理事長が務める規約となっていた。国際連盟事務局次長を務め、国際的にも高い評価を得ていた稲造が理事長を務めるのは極めて自然なことであった。

表1　太平洋問題調査会

	開催地	開催年	主な議題
第1回	(ハワイ)	(1925)	移民問題
第2回	(ハワイ)	(1927)	中国の不平等問題
第3回	(京都)	(1929)	満州問題
第4回	(上海)	(1931)	中国の経済発展
第5回	(バンフ)	(1933)	太平洋における経済的・政治的・文化的生活の衝突と調整問題
第6回	(ヨセミテ)	(1936)	太平洋諸国の社会的経済的政策の目的と結果
第7回	(ヴァージニア・ビーチ)	(1939)	太平洋における通商競争の政治的経済的側面
第8回	(モン・トランブラン)	(1942)	太平洋における戦争と平和
第9回	(ホット・スプリングス)	(1945)	太平洋における安全保障
第10回	(ストラッドフォード)	(1947)	極東における経済再建
第11回	(ラクノウ)	(1950)	極東における民族主義とその国際的影響
第12回	(京都)	(1954)	極東における生活水準向上に関する経済的政治的社会的諸問題
第13回	(ラホール)	(1958)	南アジアおよび東アジアにおける外交政策の諸問題

しかし、この会議は当初から厳しい運営を迫られることが予想されていた。なぜなら、この会議の主要課題が日本の満州地方(中国東北部)侵出に関するものであり、当然、日本は中国から非難を浴びる立場にあったからである。しかも、この時点では秘密であったが、その前年一九二八(昭和三)年、日本の関東軍の陰謀により、中国の軍人・政治家であった張作霖《ちょうさくりん》が爆殺されるという事件が起きたばかりであった。ただし、この事件は「満州某重大事件」と呼ばれ、第二次大戦が一九四五(昭和二〇)年に終わるまで真相は明らかにされていなかった。

日本側は、満州については日本政府の方針を擁護することを確認して会議に臨んだが、果たせるかな中国は、会議の初日から張作霖爆殺事件に言及するなど、日本との対決姿勢を明らかにした。会議は緊張の度合いを増しながら進んでいった。

会議のなか日を過ぎた頃、一段と強まる中国側の日本非難に対し、松岡洋右《まつおかようすけ》（一八八〇―一九四六）が流暢な英語で日本の正当性を冷静に説明した。その演説は、満州問題について必ずしも十分な理解を持っていなかった欧米の出席者に好感をもって受け取られ、難事を切り抜けることができた。

京都会議議長としての重責を無事果たした稲造は、「険悪でどうなることかと思ったことが二度ばかりあったが、それがかえって日本と中国との親交を深めるきっかけとなったし、各国とも予想外の成功と言っていたが多分お世辞ではないであろう」と語り、また会議に参加した歴史学者アーノルド・トインビー（一八八九―一九七五）は、「日本人が先の戦争で流した血と汗とを思うとき、満州割譲は当然のものと考えられる」とコメントしている。満州における日本の行動がすべて是認できるわけではなかったことは稲造も十分承知していた。

しかし、一九三一（昭和六）年以降、欧米では、日本は悪、中国は善という対立思考が圧倒的となり、日米関係は悪化した。排日法案を通過させたアメリカの土は二度と踏まぬと憤っていた稲造であったが、翌一九三二（昭和七）年四月、アメリカにとりなしの講演旅行に出発した。しかし、みじめな結果に終わった。多くのアメリカの友人を失った。アメリカ人には帝国日本のまわし者、日本人にはアメリカのスパイと言われた。かくして日本の悲劇の時が来た。

一九三三（昭和八）年の国際連盟総会には日本代表として松岡洋右が出席していたが、対日勧告に抗議して退席した。これがきっかけとなって、日本は同年三月に国際連盟を脱退した。稲造逝去の半年ほど前である。

稲造の死の前後の日本の対外政策を年表風に追ってみると、稲造の杞憂が現実のものになってしまったことがよくわかる。

一九二八（昭和三）年

中華民国の軍閥である張作霖（一八七五〜一九二八）は、日本と結んで北京政府を一時、支配下に置くが、日本の関東軍の謀略による列車爆破事故で死去。これを満州某重大事件と呼んでいる。

一九二九（昭和四）年

一九二五年（大正一四年）に貴族院議員になっていた稲造はたった一回ではあるが、国会で演説を行っている。

その演説は、優諚問題という一年前に国会に取り上げられた案件が決着に及ぶ影響を与えた。優諚とは、天皇からのお言葉を意味している。

一九三〇（昭和五）年

太平洋問題調査会が結成され、稲造が理事長になり、一〇月には太平洋会議が京都で開催され、稲造が議長を務めた。

大阪毎日、東京日々新聞の顧問となり、「英文毎日」に断想録(EDITORIAL JOTTINGS)を執筆するようになり、繰り返し、日本の軍国化に警告を発している。

一九三一（昭和六）年

九月　満州事変勃発。奉天（今の瀋陽）郊外で起こった列車爆破事故を口実に、日本の関東軍が軍事行動を起こし、満州国独立を宣言した。これは、当時の若槻内閣の戦争不拡大政策に違反するものであったが、留めようがなく、一九三三（昭和八）年日本は国際連盟を脱退し、孤立することになった。

一九三二（昭和七）年

稲造、愛媛県松山市に行き、講演を終えた後、新聞記者たちと非公式の会見を行った。会見の内容は、今で言うオフレコにして欲しいということであったが、ある新聞がそれを無視して報道してしまった。「このままでは、日本は滅びてしまう。その責任は軍閥と共産党が負うべきである。もっともひどいのは軍閥である」これは、まさにとくだねで、たちまちこのニュースは全国に広がってしまった。この事件は、後に「松山事件」と呼ばれるようになった。「非国民」、「売国奴」、「自殺しろ」などの声が連日、新聞の一面記事となった。怒号は、小日向台の家にまで及んだ。ある日稲造は玄関に出て、何か言おうとした。メリーはあわてて稲造を押さえて、家の中に引き入れた。何をされるかわからなかったからである。しかし、稲造は毅然たる態度であったということである。

日米関係険悪さを増す。稲造、和平を願い、アメリカに講演旅行を行う。大学、学会、ラジオ等で演説・講演を行う。日本の中国侵攻など、軍国化が進む中での講演旅行は、さすがの稲造にしても理解は得られず、不調に終わった。

稲造が日本不在の間に、五月一五日には犬養毅首相が暗殺(五・一五事件)、三三年二月二四日には松岡洋右が対日勧告採択に抗議して国際連盟会議場退場、そして三三年三月二七日国際連盟離脱へと進んでいった。

一九三三(昭和八)年

稲造、苦渋のアメリカ講演旅行を終えて、三月二四日、メリー夫人をアメリカに残して帰国。休む間もなく、緊張の増した日本とアメリカおよび国際連盟加盟国との関係について講演。

一九三六（昭和一一）年

八月二日、稲造、横浜港を出港。カナダのバンフで行われた太平洋会議に日本側理事長として出席。帰途、体調悪く、ヴィクトリア市ジュビリー病院に急遽入院したが回復せず、召天。

二月二六日、陸軍の皇道派の青年将校らによるクーデターが起き、首相官邸などが急襲された。二九日無事鎮定した。この内乱で、内大臣斎藤実、大蔵大臣高橋是清、教育総監渡辺錠太郎などが殺害された。（二・二六事件）

一九三七（昭和一二）年

一九三一年以来、日中は抗争を続けてきたが、一九三七年七月、ろ溝橋爆破事件を契機に、日本軍は中国全土に侵攻、三八年中には、中国の主な都市を攻略。中国は重慶に遷都をして徹底交戦、終結を見ないうちに、第二次世界大戦にずれ込む。

一九三九（昭和一四）年

五月、満州（東北部）とモンゴルとの国境地域のノモンハンで日本軍とソ連軍との武力紛争が起きる。日本軍はソ連軍の機械部隊に猛攻を受け、多大な犠牲者を出したが国民に実際のことは報道されなかった。

一九四一（昭和一六）年	第二次世界大戦勃発。枢軸国（日本、ドイツ、イタリアの後進資本主義国）とアメリカ、イギリス、フランス、ソ連などの連合国との世界規模の戦争。
一九四五（昭和二〇）年	第二次世界大戦終結

一九三三（昭和八）年のことであるが、日本政府の関係者の間では、稲造を次期駐米大使に任命することがほぼ固まっていたという。歴史のやり直しなどということは、できない相談であるが、もし稲造が駐米大使になっていたとしたら、歴史は大きく変わっていたかもしれない。第二次大戦は回避され、日米同盟が存続したかもしれない。また、もう一つの見方として、もし稲造が大使を引き受けたとしたら、稲造と軍閥との抗争がますます激しさを加え、国内世論も大きく割れ、言論の弾圧が強まり、逆に住みにくい社会になっていたかもしれない。歴史のｉｆはむずかしい。

第一二章　自立する女性たち

自立を実現した女性たち

稲造は女性の地位向上のためにも力を注いだ。そこで、みずからも自主独立の精神を持って行動する女性たちの相談役になり、目標達成のための援助を惜しまなかった。ここに五人の女性たちを選んで、稲造との関係や業績を述べてみることにする。

津田梅子（一八六四―一九二九）

津田梅子は農学者 津田仙《せん》の二女として東京で生れた。一八七一（明治四）年、父仙の強い意向もあり、数え年八歳の時、我が国初の留学生の一人として岩倉使節団に加わり渡米した。この使節団は、明治政府が派遣したもので、条約改正の準備交渉や海外視察などを使命とし、特命全権大使の岩倉具視《ともみ》を団長とする総勢百人をこえるものであった。また同船した留学生たちは、黒田清隆開拓使次官の提言による、女子教育推進のための留学生制度に基づき選考された少女たちであった。留学生の募集期間が非常に短かったので、応募者はたったの五名であった。いずれの応募者もしかるべき社会的地位の高い家庭の子女であった。

応募者の全員が第一回留学生としてアメリカに派遣された。途中で二名が体調が悪く日本に帰された。残りの三人はそれぞれ別々のアメリカ人家庭に住みながら、学業を積むことになった。梅子は、ジョージタウンの駐米公使付書記官ランマン宅に引き取られた。こうしてランマン夫妻との一〇年に及ぶ生活が始まった。ランマン夫妻は梅子に対し実の子のように並々ならぬ愛を注いでくれた。梅子の将来への基礎をしっかり築いてくれたのは、このランマン夫妻であった。

アメリカでの梅子の教育は小学校下級クラスから始まり、女学校卒業に至るまで行われた。女学校は、ジョージタウンから徒歩では一時間もかかる所であったので鉄道馬車で通学した。留学して間もなく、梅子は「私は日本の代表。最良の人間にならなければ」という自覚が生じ、何事もみずから進んでやろうという心構えを持つようになった。梅子は負けん気の強い人物であったので、留学を通してだんだん明確になってきた目標めざしてまっしぐらに進み始めた。

小学校時代の梅子の学業成績についてつまびらかなことは分からないが、ランマン夫人が梅子の実家に宛てた手紙（原文はなく津田仙訳がある。『新聞雑誌』第四〇号、明治五年四月）によれば、「梅子は頭脳明晰で、理解も早く、友人間の人望もあつく、英語もよく理解している」ということであり、非常に順調に留学生活を送っていたと判断することができる。

小学校時代の梅子についてもう一つ重要なことは、みずからの意志でキリスト教の洗礼を受けたいとランマン夫妻に告げていたことだ。ランマン夫妻の配慮で、比較的ゆるやかな教義を持つ教会で受洗した。後年、キリスト教主義の学校を運営する上で最も大切なキリスト信仰を告白したことになる。

梅子の女学校生活も順調に進んだ。決められた留学期間では卒業できないので、留学を一年延長しての卒業となった。一八八二（明治一五）年一一月に帰国した。日本語をほとんど忘れてしまっていた程で、顔は日本人でも日本人ではないという感覚をしばらくは持っていた。留学を通して、当時の日本の女性の立場があまりにも低く不平等であることを痛感し、女子教育に一生を捧げようと決心した。

一八八九（明治二二）年、ブリンマー大学で学ぶために再度アメリカに渡った。この大学は、フィラデルフィア郊外にある女子大学で、クエーカー教徒ジョセフ・テーラー医師の遺産を基に一八八五（明治一八）年に創設された。したがって、梅子が留学したのは、創立後わずか四年しか時を刻んでいない大学ということになる。しかし歴史はまったく新しくても見事なキャンパスが造成されていた。中世のお城のように荘厳かつ優美に立つ建物は蔦でおおわれ、足元には何千坪もの青々とした芝生が広がっていた。

梅子は三年間の留学期間中に生物学に興味を持つようになり、「カエルの卵」に関する研究論文を書き上げ、指導教授および大学当局からも高い評価をもらった。指導教授は、そのままプリンマー大学に留まって、生物学の研究を続けるようにと勧めた程であったが、それをことわって帰国した。女子のための高等教育機関を作りたいという梅子の決意はさらに強くなっていた。

帰国後、梅子は早々に、学校設立資金の募集に取り掛からねばならなかった。「女子に高等教育を」という名目の資金募集を日本で行うのは時期尚早と判断した梅子は、留学時代に世話になったフィラデルフィアのクエーカーの女性団体に応援を頼んだ。募金運動の中心に立ってくれたのは、新渡戸稲造とメリー・エルキントンの出会いのきっかけをつくってくれたモリス夫人であった。

モリス夫人らの熱心な募金活動によって資金が順調に集まり、一九〇〇（明治三三）年九月、東京麹町に女子英学塾が開学した。ここに女性の専門教育を目指す学校がめでたく誕生した。梅子がこれまで勤めてきた華族女学校のような保守的・官僚主義的なくびきを離れて、私立学校で日本の女性の地位向上のために最高の教育を施したい。この願いがかなったのである。

この学校の発展のために骨身を惜しまず協力してくれた人々が何人もいたが、特筆すべきはアナ・C・ハーツホンである。二人の日本での出会いは、二人の父親の出会いから始まる。一八六七（慶応三）年、梅子の父津田仙は幕府勘定吟味役小野友五郎の随員としてアメリカに渡った。その折りに、出版されたばかりの医学書を友人のために買った。著者はヘンリー・ハーツホンという医師であった。仙の帰国後、その本はまわり回って桑田衡平の手にわたり、ヘンリーの翻訳許可をもらって訳書が完成し、一八七五（明治八）年『内科摘要』と名うって発売された。

ヘンリー・ハーツホンは多才な人で人生の前半は様々なことを手掛け、プリンマー大学の開設の時には、自分が初代学長になるだろうと思っていたくらい、このクエーカー派大学創設にも貢献した。しかし、実際は友人のローズ・チェインバリンが初代学長に任命された。その後、妻にも先立たれ、もろもろの事がうまく運ばなくなり、自分の著書の翻訳本がよく売れているという日本に渡ってみようという気持ちになった。そして娘アナを連れて、一八九三（明治二六）年に来日した。たまたまアナのかつてのクラスメートで、ヘンリーの教え子でもあったメリー・M・ヘインズが主任教員をしていた普連土女学校のミッション・ハウスで冬を過ごすことができた。滞在中、アナはその学校で教鞭をとることができた。翌一八九四（明治二七）年には仙が呼び掛けた医師会のお茶の会には五〇人ほどの医師が集まった。その中に、梅子とアナもいた。ヘンリーがその日の講師であった。彼の著書も仙によって紹介された。

夏になると二人は、かねて親交のあった札幌の新渡戸邸で数週間を過ごし、一八九四年の八月三一日に帰国の途についた。

ハーツホン父娘は、一八九五（明治二八）年に再度来日した。二人は仙から借り受けた築地五〇番の家に住んだ。ヘンリーは日本に骨を埋めるつもりで来たのであろう。一八九七年二月に亡くなり、青山墓地に葬られた。

ひとり残されたアナをいたわったのは梅子であった。このことがきっかけとなり、女子の専門学校を造りたいという梅子の夢に協力しようという思いが強くなった。一八九七年のうちにアナはいったんアメリカに戻った。

翌一八九八年にコロラドで開かれた万国婦人クラブ連合大会に梅子は出席し帰路アナと会って学校創設の相談をした。

アナはその後、イタリアのフローレンスに行き、当時、欧米諸国で広く行なわれていた外国語教授法「ベルリッツ・メソッド」を研究し、一九〇四（明治三七）年に日本に戻り、以後四〇年近くにわたり教授として大学の発展のために尽くした。

アナが受け持った科目は、英語、英文学、英文学史、言語学、英語教授法等、いわゆる英文科で教える全領域にわたって、週十数時間の持ちゴマをこなすことになった。

学校行事にもアナは積極的に参加した。遠足といえば学生たちと同行し、大学祭（大文学会）といえばみずから脚本を書き、衣裳や大道具・小道具、舞台装置の製作にも率先して参加した。一九〇七（明治四〇）年には、梅子が病気静養をかねた視察旅行に出た際には、学長代理を勤めた。校歌「アルママータ」はアナの作詞であり、今日も歌われている。

アナは教育者としてのおよそ良きものを身につけていた。人格高潔、謙遜、熱意、やさしさ等が学生たちを魅了し、学生たちは尊敬の念をもって彼女に接した。

驚くべきは、アナが無給であったことだ。父親から譲られた有価証券等を取り崩しながらみずからの生計を立てていたのである。

一九二三（大正一二）年九月一日の関東大震災の時、地震の後に広がった火災によって塾の建物は灰燼に帰してしまった。アナの一報によってフィラデルフィア委員会はただちに臨時救済委員会を結成し、新たな募金を開始した。アナも帰米して募金集めに奔走した。

大震災後一〇年近くの年月を要したが、一九三二（昭和七）年五月二一日、小平に完成した新校舎の落成式が行われた。長い患いの末、一九二九（昭和四）年に召天した梅子のことを偲びつつ、アナは「建築資金募集報告」を塾の会報に書いている。アナが苦労に苦労を重ね、渾身の力を振りしぼって集めた資金である。しかし、アナは自分の苦労や貢献を一言も述べずに、ただ梅子をほめたたえているのである。誠に一同窓生が記したごとくに「神々しい」の一語に尽きる高潔無私の精神ではないか。

一九四〇年一一月、津田英学塾創立四〇周年記念祝賀会が行われた。そしてその月末にアナは一時休暇のつもりでアメリカに帰った。しかし、日米関係の悪化は度合いを増すばかりとなり、再び日本の土を踏むことはなかった。

新渡戸稲造と津田梅子との交友関係はどのようなことから始まったのだろうか。いまや名著の誉れ高い*Bushido*が、そのはしがきにあるようにアナ・C・ハーツホンの多大な援助によって刊行されたのが一九〇〇年一月、そして同じ年の九月に津田塾大学の前身女子英学塾が創設されている。稲造は創立後、一年もたたないうちに少なくとも二度女子英学塾で講演を行っている。しかも女子英学塾の理事を当初から引き受け、これは生涯続けることになる。さらに一九〇一年一一月に女子英学塾で創刊された『英学新報』の編集顧問を引き受け、その後度々みずからも寄稿している。

このような頻繁な交流を考え合わせてみると、稲造と梅子のそもそもの結びつきの連鎖が次のように推察できそうである。アナとメリー新渡戸はフィラデルフィアにある同じクエーカー教徒の集会に出ていた。つまり、メリーが稲造と結婚する前から、アナとメリーの二人は旧知の仲であった。プリンマー大学でアナは津田梅子を知り、梅子を稲造夫妻に紹介した。以降、日本の女子教育について共通の抱負をいだく者同士として稲造と梅子の交流が始まった。このように考えられるのである。

女子英学塾を創設してからも、梅子は小日向台町の稲造邸をしばしば訪れていたようである。もっとも、アナにいたっては稲造邸に何泊もし、そこから女子英学塾に出勤するというようなことがあったようである（加藤武子談）。

女子英学塾が出来て十数年たった一九一八（大正七）年に東京女子大学の前身であるキリスト教系の専門学校が創設され、新渡戸稲造が初代学長となった。このことは、梅子を悩ませた。ある伝記には次のような記述がある。

入退院を繰り返していた（梅子）は、二つのひどく腹立たしい経験をした。一九一八（大正七）年にアメリカとカナダの六つの布教団体の協力によって、キリスト教系の女子専門学校（現在の東京女子大学）が創立され、新渡戸稲造がその初代学長を引き受けたのだ。その二年前に津田塾が拡張のための資金繰りに苦労していた時、津田の理事長であった新渡戸がこう述べた。「あのキリスト教大学が新設されたら、力のない学校は二流の立場に甘んじる他生き残るのは無理だろう」しかし、少なくとも津田に関しては、彼の予想通りにはならなかったが、梅子は新渡戸が津田を見捨てたことにひどく落胆した。その上、新渡戸は安井てつをライバル校の学部長に任命したのだ。梅子が友人とも、弟子とも思っていた安井をである。このように二人の友人に去られたことは、自分が病床にある時だけに一層梅子には打撃であった。

(YOSHIKO FURUKI: THE WHITE PLUM: A BIOGRAPHY OF UME TSUDA 一二九、一九九一)

このような解釈は、稲造の人格に傷を負わせるようなものである。稲造夫婦の梅子への支援は変わらなかったし、稲造は依然として理事の職にあった。また、メリーの弟のジョゼフ・エルキントンも精神的にも経済的にも梅子を終生援助することを惜しまなかった。梅子が病気になり、授業ができなくなると稲造が来て非常勤講師を勤めた。この時、稲造は、東京帝国大学教授であった。また養子の孝夫も一九二八年から一九三〇年まで非常勤講師を引き受けていた。梅子がついに学長の辞任を表明したときには、新渡戸邸で後任についての話し合いが行われた。稲造は、後任に辻(小比木)マツを提案、マツは最初は固辞していたが、説得されて任に就き、塾長代理を数年引き受けた。

一九二九(昭和四)年八月一六日、梅子は長い病床生活の末、稲造よりも四年早く、その実り多い、地上のいのちを閉じたのである。稲造が長い弔辞を読んだ。

安井てつ（一八七〇—一九四五）

安井てつが稲造に初めて出会ったのは、パリの万国博覧会の会場においてであった。てつはイギリス留学を終えて、帰国の途についていたが、万博のことを知り、パリに寄ることになった。稲造は丁度この時、万博の審査員をやっていた。てつは結局、その後数か月パリに滞在することになったが、稲造には二度会っている。友人に、稲造と「スピリチュアルフレンド」になったと手紙に書いている。以後生涯にわたる交友が続くことになる。

若い頃、てつは熱烈な愛国者であったと自身回想している。国費で留学できたのだから、国に帰ったら国立の学校で奉仕しなければならない、特に女子教育のため、とりわけ愛国心を育てることのために献身しようと考えていた。

ところが、稲造に会って、話を交わすうちに、愛国心のみならず、宗教心を持つことの大切さに気づかされる。「授業には祈ってから参ります」と言う稲造の言葉に感動する。

一九一八（大正七）年、稲造が東京女子大学の初代学長になった時、当時女子高等師範学校（現お茶の水女子大学）教授であったてつは懇望されて学監（学長を補佐し、事務の責任を果たす役。副学長は稲造の友人長尾半平）となる。

稲造は学長を務めている間、来学すると事務的なことは、てつにまかせておき、自身は授業参観に出掛けてしまうことが多かった。

一九二三（大正一二）年一二月、すでに国際連盟事務局次長となって、校務から離れていた稲造が正式に辞任し、てつが第二代学長となった。一九二四（大正一三）年六月、荻窪の新校舎の献堂式をかねて学長就任式が行われた。就任の辞で、次の四つの抱負を述べている。

一、キリスト教主義に基いて人格教育に重きを置くこと。

二、学生の体力向上に努めること。

三、Liberal College（教養教育に重きを置く大学）の実現を図ること。

四、学究生活と社会的生活との調和を図ること。

ところで、東京女子大学が荻窪の新校舎に移る前、つまり大学発足の様子を知っておくことも大切であろう。現代人が大学というものをイメージする時、今日のような立派な大学がいきなり出現したものと思いがちであるが、そうではない。開学時の入学願書の受け付けは、小石川坂下町のてつの家で行った。卒業生の一人は、こう述べている。

「種々の手続きの後で、安井先生自身が玄関に出てきて入学試験の注意をした。それも意外であったが、その時先生が前掛けをかけていたことが、なにかしたしみを感じさせた」

（青山なを『安井てつ伝』二二三頁）

開校式は入学式の前に行われた。その場にいた学生は当然ながら新入生しかいなかったので、入学式も済まないうちに、開校式の準備から来賓のお茶の接待までも手伝うことになった。式が終わると、今度は先生たちが新入生に対し、お茶の接待をして労をねぎらった。こうした経験は新入生を感激させ、一層強く学校に対する愛着心を感じさせた。稲造が提案した校章の二つのS（「犠牲と奉仕（Sacrifice and Service)」）がはからずも実践されたのである。

大学を運営していく上で、てつはいくつかの試練を通らねばならなかった。その一つは、教授の一斉退職であった。それまで力強く支援し協力してくれてきた土居光知、石原謙、大類伸、速水滉、上野直昭など有力教授たちが国立大学の学部新設などの理由で去って行った。大学は灯の消えたように淋しくなった。

「女子教育のために一生を投じて下さる方はいないものでしょうか」

てつはこのようになげき、うめくうちに、「女子教育は女子自身で」という思いが心の中で強くなっていくのを感じた。

社会情勢の変化が、学生や父母の要求に変化をもたらした。大学教育に実利的な成果を求めるようになり、中等教員無試験検定の認可を受けるための努力が始まった。もはや、稲造が十五周年記念講演で示したような理想は通りにくくなっていた。そのとき稲造は次のように述べた。

「できれば一日二時間くらいの授業にして、あとはめいめい好きな本を読むとか研究をすることが望ましい」

在学生の減少という経営上苦しい立場に追いやられることも経験した。年々大学部の卒業生が減少し、一九三七（昭和一二）年にはとうとう二名にまで落ち込んでしまった。学生の数よりも教授の数のほうが多く、しかも一流の学者をそろえているという状態になり、経営の側に立つ理事会において、てつは厳しい数年を送ることになった。

しかし、てつは「世に勝つ勝利は我等の信仰なり」という聖書のことばを色紙に書いて壁に張り、忍従を重ねた。一九四〇（昭和一五）年、学長として行った最後の学事報告で次のように述べることができた。

当校は創立当時我が国に欠けておりました女子の高等教育機関の一として、設立されたもので、即ちこの大学部程度の教育を施こさんことを目的と致したものでありましたが、其の当時における一般女子教育の程度低く、直ちに之れを実現することが困難でありましたので、時期の来るのを待って居たのでございますが、本年一月二六日の教育審議会の整理委員会に於て、女子の大学設置が認められるに至るであらうと思ひます。二十余年前に希望して居りましたものが、今日漸く其気運に向ひました事は、我が国女子教育のために、延いては我が国文化発展のために喜びに堪えぬ次第であります。（前掲書　二四五頁）

女子教育の水準を男子の水準と同程度にまで引き上げる、という安井てつが抱いたヴィジョンは、新しい世代に引き継がれ、日本全国に広がりを見せ、まさに今日ある姿にまで発展してきたのである。

てつは学長辞任後も財務委員長として慣れないお金集めに奔走した。

河井　道（一八七七―一九五三）

恵泉女学園創設者の河井道は、稲造追想集の中で次のように述べている。

我が恵泉女学園の創立前後を一貫して深切な同情ある顧問であり、又友達であった新渡戸先生の逝去は何処にも大な暗翳を一同に投じた。然し人間の生死は神の御手にあるもの故に、其前に低頭するのみであるが、人情として博士の他界されしを悲しみ、俄に身辺の寂寞を感じ出した者は国の内外に多い事であろう。国際的にも国家的にも個人的にも上下押並べての者に心より敬慕せられた博士の如きは実に稀である。

其れ云うも先生は愛の人であったからである。先生は人間を愛した、同胞を愛した、貧乏人を愛した、弱者を愛した。特に女性を愛し、子供を愛した。人類の福祉を願うた先生が勇敢な進取的平和主義者であったのは当然である。満州事変以来先生の心労が死を早めた原因であるが、是れも日本を愛し、世界を愛したがための尊き犠牲である。愛するものは又苦しむものであるから先生の世を思ふ苦痛は普通人の想像だに及ぶ所ではない。先生は「愛国者は憂国者である」と常に言はれたのは御自身の心境を語られたのである。

河井道が新渡戸稲造と知り合ったのは、札幌の北星女学校（当時は創立者サラ・クララ・スミスの名をとってスミス女学校）の生徒の時だった。校門の向かい側に新渡戸家が越して来た。スミス先生が「今度新渡戸という偉い先生が、西洋の奥様を連れて引っ越してこられました。失礼のないようにしなさい」と言った。その新渡戸先生を含めて何人かの札幌農学校の先生たちが無料奉仕で教えに来てくれることになった。その先生とは、次の通りの豪華メンバーだった。宮部金吾（植物学）、大島正健（国文学）、小寺甲子二（動物学）、中川太郎（漢文）、新渡戸稲造（歴史学）。道は中でも稲造の授業が好きだった。そのうちに、メリー夫人から生徒たちにお茶の招待があった。道を含む何人かの生徒が稲造家を訪れるようになった。稲造夫妻と親しむにつれて、放課後にはお茶に呼ばれ、夕食後には、稲造宅の書斎で書物や雑誌を広げて、その中にある記事についてレクチャーを受けたりすることもあった。少し英語ができるようになると、英語の聞き取り練習ディクテーションをやってくれた。お陰で英語がみるみる上達していった。

道は、津田梅子先輩が創設してくれた奨学金制度の第二回受給者となって、プリンマー大学に留学することになった。留学の手はずを整えてくれたのは稲造であった。静養のためアメリカに向かう予定でいた稲造夫妻は、道も一緒に行けるように手続きをしてくれただけでなく、上陸後も、途中まで送ってくれた。

道は大学に入学する前に二年間アイヴィ・ハウスという予備校に通った。道にとってはフランス語以外はあまりむずかしい科目はないと思えた。アメリカでの生活にもすっかり慣れて二年が経ち、プリンマー大学受験となった。予備校の校長のスティヴンス先生が「幸運を祈ります」と言いながら、一人一人に一セントずつくださった。道はすべての科目に合格して、いよいよ待望のプリンマー大学の生活が始まった。

寄宿舎のルームメイトは生涯の友となったバーサ・ブラウンであった。バーサは物静かで敬虔なクエーカーであった。バーサはいつもおだやかで行き届いた配慮をしてくれた。お陰で道は落ち着いた学生生活を送ることができた。

学校が休暇になると、津田梅子創設の奨学金委員会の人たちが次々に家に招待してくれた。稲造がアメリカに着く前に船の中で、アメリカ生活で特に注意することとして話してくれたことが本当であることが分かった。

「アメリカでは、偉大な尊敬できる人たちが身分階級に関係なくたくさんいるから、その人たちと交流するように心がけなさい」

と稲造は道に話しておいたのだ。

「たしかに先生の言う通りだ」

道はそれぞれの家に招待されるたびにそのことを実感させられるのであった。

一九〇三（明治三六）年の夏休みにはヨーロッパ行きという思いも及ばぬ申し出が親しくしているウイリアム・マーフィー夫妻から出された。旅費はみんなで集めて十分にあるという。

またしても稲造のことばを、道は思い出していた。

「偉大な人たちがここにもいた」

道はこの好意を有り難く受け取った。

こうして道は旅装を整え、駅に着き、列車に乗り込もうとした途端にスーツケースの鍵がこわれて中身が飛び出しそうになった。途方にくれていると、肩にそっと手をかける人がいた。なんとそれは新渡戸夫人の父エルキントン氏であった。

「落ち着きなさい。ミチ。わたしがなんとかしてあげましょう。」

エルキントン氏は道を馬車に乗せて、カバン屋に向かった。道は急いでいたので、一番手前のスーツケースを買って、荷物を移した。お礼を言い始めると、エルキントン氏はさも何もなかったかのように、去っていってしまった。

このヨーロッパ旅行をとおして、マーフィー夫妻が期待したようにグローバルな視点から物事を見ようとする気持ちを持つようになった。

道は四年間の勉学の末、優秀な成績を修めて卒業し、帰国の途に着いた。一九〇四（明治三七）年、道二七歳の時であった。帰国後は、留学を可能にしてくれた津田梅子のところに戻り、津田英学塾と改名した専門学校で英語、講読、歴史を教えた。

時は流れ、一九二六（大正一五）年九月、道は女学校創設の計画を相談するために、当時、国際連盟事務次長であった稲造をジュネーヴにたずねた。稲造が双手を挙げて賛成してくれると期待していたが、案に相違して絶対反対という返事が返ってきた。

「女学校創立なんて、とんでもない。今は大恐慌の時、理想の教育が実現する前に必ず経営に苦しむことになるからやめなさい」

ということであった。

しかし、道はその忠告に従わず、恵泉女学園という学校を創設してしまった。一九二九（昭和四）年、東京牛込の小さな借家で学校は始まった。自分の意見に逆らっての行為であったにもかかわらず、道の熱心さを知った稲造はさまざまな手立てを通して援助を惜しまなかった。

稲造が、かつて財政上の負担をも負って陰ながらその勉学を助けた台湾の小室某が、卒業後大成功をおさめ、お礼にと千円を稲造に送ってきた。稲造は、次のような手紙を小室氏に送って、そのお金をそっくり道に寄付させた。

「河井道と申す奇妙な女性が一文もないのに大胆にも女学校を始めた。御賜物をそちらに送って頂けたら嬉しい、云々。」

財政上、どれだけ助かったか、これ一事をしても、稲造の深く暖かい心を知ることができる。稲造の家で、この千円のことが話題になった時、稲造は事もなげに「あれは河井道に送った」と答えたそうである。稲造のこの恬淡《てんたん》とした態度はこの件に留まらず、似たケースが何度もあることを家族も承知していた。

稲造のこうした財政上の援助は他の人々に対しても相当行われていたようであるが、稲造は決して口に出さなかった。

道の恵泉女学園については、設立時の一九二九（昭和四）年二月に、新渡戸稲造の名で一切の責任は自分が負うという「引き受け書」を提出している。いったんは強く反対したものの、道のいちずな姿勢に心打たれて、力の限り応援しようと決心したのである。

道は恵泉女学園の学園長としての仕事に全力を尽くすだけでなく、世界平和に貢献したいという願いを終生持ち続けた。日中戦争が始まる直前の一九三七（昭和一二）年五月、関係悪化が顕著になっている中国に渡り、日本キリスト教連盟の平和使節団の一員として各地におもむき、戦争回避のための協議に精力的に参加した。

中国人代表者のことばが道にとって忘れられないものとなった。

「現在の世界の混乱は、悪い人がたくさんいるためではなく、善い人たちの善さが十分でないからです」

間もなく、日中戦争が勃発し、発展して第二次世界大戦へと突き進むことになった。

翌一九三八（昭和一三）年、インドのマドラスで開かれたキリスト教世界宣教大会にも道は出席した。これは大会議長のジョン・R・モット氏の招きによるものであった。その時よりもはるか以前の一九〇七（明治四〇）年、東京で開かれた世界学生キリスト者連盟の国際大会においてモット氏と出会い、親交を重ねてきた間柄であった。モット氏は一九四六（昭和二一）年にノーベル平和賞を受賞している。モット氏の演説の次のようなことばが道の心に深く刻み込まれた。

「世界が互いに競争関係に陥れば破滅をもたらし、協力関係にあれば真の生命に至る。真の協力は、隣人への愛の上に築かれる。」

軍国化・神道国家主義化の進む中で、日本のミッションスクールは窮地に陥った。英語は敵性語と言われ、外国人教師は日本を離れていった。恵泉女学園も例外ではなかった。一九四〇（昭和一五）年には、前の年に可決していた「宗教団体法案」が施行され、宗教の国家統制が行われるようになった。やがてキリスト教教会とミッションスクールは、外国の伝道局との関係を断たれ、宣教師たちも帰国を強制された。

一九四一（昭和一六）年一二月八日、日本軍がハワイの真珠湾を攻撃して太平洋戦争が始まってしまった。祖国日本を愛し、またアメリカを愛する道にとって言いようもない悲しみを味わわなくてはならなかった。

このような苦しい状況の中にありながらも道は、念願とする農芸専門学校設立に向けて努力を傾け、遂に戦時下の一九四五（昭和二〇）年三月に文部省から認可の通達が来た。終戦の五ヵ月前のことである。かくして、恵泉女子農芸専門学校は四八名の入学者を得て開校した。

敗戦後の日本をどう立て直してゆくかは、日本の為政者にとってだけではなく、駐留軍の総指揮官であるマッカーサー（一八八〇―一九六四）にとっても大きな課題であった。とりわけ、日本の戦争責任者をどう裁くか、日本国民の声を聞く必要があると考えたマッカーサーは、日本通の側近であるフェラーズにその調査をするように指示してあった。戦前、フェラーズは度々日本を訪問し、すでに友人となっていた一色（旧姓・渡辺）ゆり（道の弟子）を通して道とも友人関係にあった。

間もなくして道とゆりはアメリカ大使館に呼ばれた。戦後、アメリカ大使館に最初に入った日本人はこの二人であった。フェラーズが最も信頼できる日本人として二人を選んだのである。

フェラーズは、「天皇陛下の戦争責任をどう思いますか」とたずねた。道は即座に、「天皇陛下を戦争犯罪人として裁くようなことがあったら、日本は大混乱になります」ときっぱり答えた。フェラーズは道のこの発言を重く受けとめた。フェラーズはその後、慎重に聞き取り調査などをおこなって、その結果をマッカーサーに報告した。天皇の戦争責任は問わないという結果になった。道の発言が基になって天皇を救い、日本を救ったのである。道は天皇の神格化には反対であり、学校には御真影を飾ることをしなかった。反戦思想のために憲兵に拘束されたこともあったが、天皇個人については尊敬の念を持っていた。

終戦後二年経って、一九四七（昭和二二）年に新憲法が施行された。これに基づいて、教育勅語に代わる新しい教育基本法が制定される必要があった。その任に当たる教育刷新委員会・第一委員会に八人の委員が任命されたが、道はその一人に選ばれた。道は新憲法の精神を生かすために「平和」に関する文言を入れることを主張し、受け入れられた。

道はこのようにして、創設した恵泉女学園に全力を注ぎつつも、求めに応じて様々の責任を誠意を持って果たし、一九五三（昭和二八）年二月、七五歳で天に召されていった。

振り返ってみると、道が稲造に初めて会ったのは、彼女がスミス女学校（のち北星女学校）の生徒であった時、つまり数十年前のことであった。それ以来、稲造が亡くなるまでその交流が続き、道は稲造の生きざまを見て、それに倣おうとした。キリスト教に基づいた女学校の設立、平和運動、ＹＷＣＡ活動、そして平和憲法に沿った教育基本法制定への貢献等、稲造が歩んだ道筋と非常によく似た人生であったと言うことができる。

吉屋信子（一八九六ー一九七三）

人は何かのきっかけでその人生の方向を決定づけられることがあるものだ。吉屋信子はその一人であった。一九〇八（明治四一）年、信子一二歳、栃木高等女学校の一年生の時であった。新渡戸稲造が来校し、講演を行った。その中で、稲造は、女性は良妻賢母になろうとする前に、自立した人間として成長しなければならないと女性の新しい生き方を説いた。信子は深い感銘を受け、これからどう生きていったらよいのか暗中模索でいた心に光が射し込んだ。

「よし。自立していこう」

強い決意が生れた。

信子は大人が読む内外の小説を乱読し始めた。やがて、中央の雑誌に投稿を始めた。入選すると図書券がもらえるのだ。一九一〇（明治四三）年、『少女界』の懸賞小説に応募して「鳴らずの太鼓」という作品が見事、一等賞になり、賞金一〇円をもらった。こうして当選を繰り返しているうちに、投稿生活にも疲れ、十八歳で投稿をやめようと決心をし、雑誌の選者たちにお礼の手紙を書いたところ、思いもかけず、選者から励ましの返事が来た。自分は忘れられてはいないのだということに気づき信子は感激した。

高等女学校を出てから、さらに東京に出て上級の学校を目指そうとしたが、両親が世間並みの結婚を望んで、進学には反対であった。そのことは受け入れるとしても、創作意欲はますます強くなり、そのために上京したいとしきりに両親にうったえるようになった。両親はついに折れて、晴れて文壇の中心地東京へと移り住むことが可能となった。一九一五（大正四）年、信子一九歳の時であった。

上京するや、尊敬する作家たちを次々と訪ねた。無名時代の岡本かの子とも親しくなった。また山田嘉吉・わか夫妻との知遇を得、英語の指導を受けながら、同時に、わか夫人からは、アメリカのフェミニズムについての教えを受けた。わかは女権拡張論者で熱心なキリスト信者でもあった。わかとの出会いは、平塚らいちょう、伊藤野枝など『青踏』（女性問題の啓発を目的とする雑誌）のメンバーとも親しくなるきっかけとなり、信子が意識的に女性問題を考える大きな転機となった。

一九一六（大正五）年という年は、信子にとって忘れ得ぬ年となった。少女小説の作家としての地位を不動のものとするはじめの年となったからである。『花物語』第一巻「鈴蘭」が『少女画報』に登場し、連載は一九二四（大正一三）年の五二巻まで続き、全国の女学生たちを熱狂の渦に巻き込んだ。

「返らぬ少女の日の
夢に咲きし花の
かずかずを
いとしき君達へ
おくる」

『花物語』第一巻、巻頭の詩である。

一九一九（大正八）年には、「地の果てまで」が大阪朝日の連載小説懸賞募集で一等を取り、翌一九二〇（大正九）年元旦から連載が始まり、好評であった。つづいて「海の極みまで」という作品が同じ大阪朝日に連載され、これが映画化されることによって、大衆作家としての地位をゆるぎないものにした。一九二七（昭和二）年には、「空の彼方へ」が『主婦の友』に連載され、前二作と合わせて三部作と言われるようになった。

このようにして信子は順調に女流作家としての道を歩み始め、新渡戸稲造の示唆した自立した女性像を確立しつつあった。そういう中で興味深いのはキリスト教会との関わりである。『花物語』の連載が始まった頃、信子は東京四谷にあったバプテスト女子学寮にいた。彼女が二一歳の頃である。信子は日曜ごとに近くのバプテスト教会に通い、日曜学校を手伝い、聖書の話を子どもたちにしていた。

しかし、この献身・奉仕の仕事は、次のような事情で、中断してしまう。

ある日のこと、同じ寮生の佐藤千夜子（のちに有名な歌手となる）と浅草に映画を見に行った。このことが寮の責任者に知られ、寮の禁止事項を破ったという理由で退寮処分になってしまう。次に移ったのが、またまたキリスト教と関係のあるＹＷＣＡ（キリスト教女子青年会）の寮であったが、もはや、キリスト教会に通うことはしなくなっていた。

それから数年を経て、一九二四（大正一三）年に長崎での取材をもとに、キリシタン弾圧により辛酸をなめた一家族の変転を描いた「薔薇の冠」が『婦人之友』に掲載されて、再びキリスト教への回帰を見ることができる。以降、日本の軍国化が進み、第二次世界大戦へと突き進む中で、女性作家も従軍記者として戦地に派遣され、銃後の守りをする故国の婦人たちの戦意を大いに高揚させた。まさに戦争一色の時代であった。戦いは敗戦に終わり、反戦思想が勢いを増してくる中で、従軍記者の先陣を切って軍部に加担したとして、信子を戦犯扱いする者もいた。信子にも反省すべきことはあったであろうが、時の状況を勘案するならば、止むを得ないことであった。

そのような困難な時を経て、一九六三（昭和三八）年、信子六七歳の時、山室軍平の廃娼運動の苦闘を描いた小説「ときの声」が出版された。山室軍平は、日本救世軍創設者であり、キリスト教社会事業の貢献者として知られている。このように信子のキリスト教に対する関心は終生続いた。「幼き日のクリスマス」という文章の中で信子はキリスト教との関わりを次のように述べている。

私の育った家庭はけっしてクリスチャンではなかった。それにもかかわらずまだ小学校にも上がらぬ私の童女の時から一冊の大きな聖書がわが家にあった。それは家の中で一番厚い大型のもので天金が燦然とかがやいていた。それが聖書というもので（亡くなった岸の叔父さんの形見）ということもいつか聞き知っていた。その叔父は私の生れる前に亡くなった人で、直接に血の続いているわけではなく、今は未亡人になって島根県の松江にいる父の妹、つまり私の叔母の亡夫なのだった。その人は医学生時代にクリスチャンになったと後で知った。……

そんな私がやがて小学生に上がって幾年かたって町のキリスト教会の日曜学校に行くようになったのは、私の家のすぐ近くにその教会があったことと、その教会の牧師の姉妹と知り合ったからだった。

日曜学校！　それは小学校の教室とはまた違った一つの楽しい世界だった。また私が驚かされたのは、その教会の牧師の説教壇の卓の上にいつも置いてある大きい聖書が、我が家にある岸の叔父さんの形見とそっくりだったことだった。叔父は牧師ではなく医師であったのにどうしてあんな大型の聖書を形見に残したのだろう。

この日曜学校の一週間に一度の教会でのひとときが私にキリストやマリアを知らせ、賛美歌を歌わせ、新しい世界を教えた。出席すると御褒美のように小さなカードを渡される、それは聖書の中の物語を三色版に印刷したものだった。そのカードから味わう一種の異国情緒のようなものに私は子供心に陶酔した。楽しい日曜学校に無欠席で、可愛いカードがたくさんたまった頃クリスマスを迎える。クリスマスには東京から帰省した日曜学校出身の学生たちが集まって準備をする。その教会堂、というと立派そうだけれど、実は普通の日本住宅のしきりの襖を取り払っただけ、そこに椅子やテーブルやオルガンを並べてある。……そして日曜学校の生徒たちは帰省学生の指導と演出でクリスマスの劇を演ずる。……

ともあれ、こうしたことが機縁となって女学校時代にも教会に通い、東京に出てからも当時四谷の箪笥町《たんすちょう》にあったバプテスト教会に日曜日毎に通った。私の朝日新聞懸賞小説に当選した小説の中に、この教会の牧師もその当時の教会の雰囲気も描いたつもりである。

クリスマス——キリスト教徒でなくてもその日だけクリスマスケーキを買う人の多いこのごろのクリスマス風景についても、思い出すのはやはり幼い日の田舎町の日本家屋の教会でのクリスマスである。

吉屋信子は小学生の頃から成人に達する頃まで教会に通っていたが、信仰においては、あこがれを持ちつつも、ついには入ることはしなかったと言うことができるであろうか。しかし、信仰あるいは教会に対する思いが色濃く作品に投影されていることも否定できない。次のような吉屋信子についての記述はより深く作品を読んでみると同意できる面が多々ある。

清純な理想とキリスト教的道義感に貫かれた通俗小説で人気を博した。

（『新世紀ビジュアル大辞典』一二七三頁）

現代に至って、今は亡き信子の家系に属する甥・姪、その子そして孫が次々にキリスト信仰に導かれているのは偶然のことではないような気がするのである。

上代《じょうだい》タノ《たの》（一八八六―一九八二）

上代タノは稲造との初対面を次のように述べている。

新渡戸先生に初めて御目にかかったのは明治四〇（一九〇七）年の春、小日向台の古いおすまゐのお書斎であった。田舎の女学校から上京して間もない私は、其処にギッシリ並んでゐた英、独、仏の書籍を見て全く圧倒的な感じを受けた。其後、海外の色々な大図書館にも出入りしたが、私の生涯中この時程強く向学心を刺激されたことはない。先生は、「君は英語を研究してゐるならば、先ずそれをマスターしたほうがよろしい。人間が二枚舌、三枚舌を使うのは考えものである」と冗談交じりに仰せられた。これが私の記憶に残ってゐる最初の御教訓で、又私の研究上にも処世上にも根本的な指導を与へたものである。

（新渡戸稲造全集・別巻三五四頁）

タノは稲造からたくさんのことを教えられた。稲造の該博な知識から溢れ出ることばはそのまま聞き流すには惜しいと彼女は思ったほどである。稲造は時には実際に役に立つ方法論も教えてくれた。たとえばスピードを上げて読む方法と要点把握のこつを教えてもらった。その方法を一生懸命練習をしてみたところ、アメリカ留学の際に大いに役立った。

蔵書の虫干しを手伝った時、本のほとんどすべてに赤や青の筆でアンダーラインが引かれているのに気づいた。この色分けの方法にこそ稲造の知識吸収の秘訣が隠されているのではないかと思った。同時に、稲造が一冊一冊の本にどれだけの愛情を示し、大切にしているかが分かったような気がした。

小日向台の家の玄関の脇に竹の柴折戸があり、玄関のほかにもう一つの出入り口があるような体裁になっていたので、タノは何のためにに造ったのかずっと疑問に思っていた。そこで、ある日そのことを尋ねてみると、「あれは君たち学生や書生さんが自由に書斎に出入りできるように造ったんだ」と説明してくれた。伸びゆく学生たちをどんなに愛しているかがわかった。とりわけ一高生に対する思いは格別であった。一高校長辞任の折、「あのうすよごれた下駄をひきずった汗くさい人たちが可愛いんでね。まったく泣かされるよ」と目をしばたたいていた姿をタノは忘れることができなかった。

タノの心にアメリカ留学への願望が高まってきた時、稲造は交換教授でアメリカに滞在していた。ある日、稲造はニューヨークのウェルズ女子大学での講演を頼まれた。教授や学生に親しく接するうちに、その学風にいたく感動し、タノの留学先はここだと確信して特別の斡旋をとってくれた。一九一三（大正二）年に渡米し、一九一七（大正六）年に学業を終えて帰国するまで、稲造夫妻には国を挟んで娘同様の世話をしてもらった。折しも稲造は東京女子大学創設のために力を尽くしていた時期であった。開学の教授陣の一人になるようにという稲造からの要請があったが、ほぼ同時期に日本女子大学からの招聘があり、結局母校の方を選ぶ結果となり、申し訳ないという思いがタノの心に残った。

日本女子大学教授となっていたタノはその後、イギリスに調査研究に出かけ、一九二六（昭和元）年に研究を終了し、欧州旅行に出たが、その際、ほとんど半年の間、ジュネーヴの新渡戸邸をベースキャンプのようにしていた。そこで見た稲造の姿にあらためて尊崇の念を強くした。国際連盟事務局において稲造が堂々と振る舞い、そして世界の名士に伍して、いかに敬愛されているかをタノは自分の目で見ることができた。タノはジュネーヴ滞在中、稲造の秘書役としていささか役にたったかとみずからを慰めながら、稲造一家とともに帰国した。

タノも稲造と同様、世界平和を希求する者であった。一九五五（昭和三〇）年に「世界平和アピール七人委員会」が結成され、湯川秀樹らと並んで、タノも名を連ねた。

タノは一九五六（昭和三一）年に日本女子大学学長になり、一九八一（昭和五六）年に東京都政に貢献したということで、東京都名誉都民となった。

第一三章　読書論

稲造の該博な知識はどこで得られたのだろうか。それは言うまでもなく読書によってである。私たちは稲造の読書に関する講演から、彼がどのように読書をし、どのように知識を自分のものにしたか、その秘訣を探り出し、我々読者も稲造流の読書法を会得して、大いに造詣を深めようではありませんか。

これから紹介するものは、一九三三（昭和八）年六月、つまり稲造が天に召されるわずか四か月前に、早稲田大学大隈講堂で二回にわたり行った講演の記録を、稲造自ら校閲加筆したものので、全集第一一巻に収録されている。

読書の効用

この講演を行った頃には、稲造の視力は極度に落ちていたようで、東京、大阪区間を月に一回列車で往復する用事があったが、できるだけ日のある時間帯に移動して、読書にふけったということである。札幌農学校の時代からの読書家で、札幌時代は学校の図書館の文科系の図書はほとんど読んだということだったし、一九〇〇年出版の*Bushido*には、一〇〇人以上の欧米人の名前が出ている。たくさんの洋書を読んでいなければこういう芸当はできない。

稲造は、乱読・多読と同時に精読も怠らなかった。良い本は、二回は繰り返して読みなさいとアドバイスを与えている。稲造の人生を決めたといっても良いトーマス・カーライルの『サーター・リザータス（日本語の翻訳では「衣裳哲学」）』は三〇回以上も読んだという。まさに、この本を自家薬篭中の物としたのである。

稲造が読書の効用として、自身が体験したという二つの例を挙げてみる。

（その1）　北海道における砂糖生産

稲造は札幌農学校を卒業してから、一九歳で北海道庁の開拓使御用掛勧業課勤務となった。当時の北海道庁長官は黒田清隆で豪快な人物として知られていた。彼は北海道を経済的に独立させ、農産物や衣類などを自給自足できるように改革したかった。さまざまな試みがなされたが、その中で、必需品の砂糖の生産が困難を極めていた。ロゾク（さとうもろこし）という作物から砂糖が取れることが分かり、砂糖の専門家を雇って、ロゾクから砂糖を取り出すことをやらせてみたが、うまくいかなかった。どろどろの黒い蜜にはなるが、砂糖にはならないでいた。毎年失敗の連続で五年目に入っていた。課長命令で、新米の稲造が製糖の監督をやるようになった。稲造はロゾクから砂糖を取り出す方法が書いてある本を借りてきて急いで読んでみた。本の通りにロゾクを処理して瓶に入れ、その後の処理については本を読まないでほおっておいた。一週間ほど過ぎた頃、砂糖技術者が稲造のところに来て砂糖の結晶ができたことを告げた。稲造が、本を読んで、その通りにやったお陰で砂糖の製造が可能になったのである。

（その2）　石狩原野の土地改良

稲造がドイツ留学から帰ってから、しばらく経ったとき、北海道長官が役所に来てほしいというので行ってみると、「この頃、北海道に移り住みたいという人が増えているが、困ったことには、石狩に住みたいという人が圧倒的に多く、十勝のほうは人気がない。あいにく石狩にはもう土地がない」と長官が言うので、さっそく稲造は石狩の原野を歩いて見た。するとまだ土地が空いていることを知る。長官は、その空いている土地は泥炭地なので役に立たないと言う。稲造はどうにかしましょう、と言って帰ってくる。たいへんなことを引き受けたものだと思いつつ、ドイツで買ってきたモアボーデンという泥炭を扱った本を読んでみた。本に書いてあるドイツの泥炭地と石狩の泥炭地と比べて見るとたいへん似ていることが分かり、『泥炭地改良論』というものを書き、それを基に改良が進み、石狩原野の数万町歩の開墾となった。これも読書のお陰である。

読書の効用には、このような実際的・実利的な効用を含めて三つあると言っている。
(1) 意志の鍛練になる。
(2) 心の慰安になる。
(3) 実利になる。

そして稲造は釘をさす。選ぶべき本はいくらか思想を向上させてくれるものをと。

このような話をしながら稲造は嘆くのである。日本は二千年の歴史を持ち、立派な文学を有し、人物もいる、この宝庫を開いて見せる人が少ない、だから誤解されるのだと。

このことは、稲造の時代から今に至るまでかわりはないかもしれない。稲造の話はここから発展して語学教育に及んでいく。

現今の語学教育論と比べながら、この稲造流の語学教育論を熟読してもらいたい。


……所が日本人は語学が下手だ。是れは民族的に下手である。幾ら習っても幾ら習っても下手なんである。不味いのが多い。実は此の間御話したかしらぬが僕なんか上手にならなければならぬ筈であると思ふ。五〇年此方英語を習って、外国には二七年も居った。それに女房が外国人である。中学の英語の教師もやった。上手でなければならぬのであるのに、それならば上手かと云ふと上手でない。何遍英語を喋っても、英語を東北弁で喋って居る。是はどうも別なものらしい。所が五六日前に東京日日新聞社が主催で、英語の雄弁大会をやった。さうすると恐ろしく上手な奴が十人ばかり出て来た。とても僕らは及ばない。審判官よりも上手である。偉い奴である。だから是は練習さへしたらば相当な役者が出ると思って居る。其の練習の一として、外国の言葉に親しむには何か暗記をして何遍も何遍も繰返す。さうすると抑揚なんかは自然に出来て来る。私は英語を稽古した時分にもそれをやったし、独逸語を稽古した時にも同じことをやった。僕の独逸語の先生がある時僕が独逸語の詩を吟じたのを聴いて、余程僕の独逸語が堪能だと誤解して、「それ程分るのならばもう俺が教えなくても宜い」と言ったことがある。併しその文章丈けで外の所は駄目である。それは最も僕の好きな詩である。……それを暗記したのである。やって居る中に自ら意味が分かって来た。丁度日本でも詩をぎんずるやうなものである。それを一つやってはどうかと思ふ。殊に外国語を学ぶ人は、是は日本人の欠点で口を十分に開かない。何か口の中でもぐもぐやって居る。よく西洋人が、日本人は兎角オーの音が出ないと云って居

る。そんな時にもわざわざそういう悪い癖を矯正できるような文章がある。……もし良い本ならば大きな声で読むことであると思ふ

（『新渡戸稲造全集』一一巻四一五頁）

稲造が亡くなって八〇年経った今日に至っても日本の英語教育界は混乱・混迷状態にある。稲造の提案はあまりにも素朴に見えるかもしれないが、この素朴な方法を真面目に、一生懸命やれば、稲造の域に達する者が出てくるかもしれないのである。稲造の域とは何か。アメリカのハーバード大学を始めとする大学およびその他の会議場、さらに国際連盟および太平洋問題会議での講義、演説、講演併せて数百回、英文および独文著書論文多数、英文大阪毎日の英文による編集余録および英文書簡合わせて数百点など、稲造以来、この業績を超えた者がいるだろうか。

稲造の時代、札幌農学校では草創期の教員はほとんどアメリカ人、教科書はほとんど英文のものであり、しかもその教科書ですら教員しか持っていなかった。授業はもっぱらディクテーションに専念。授業が終わると、それぞれの書き取ったものを見比べて、教科書に近いノートを作り、復習に臨むという具合であった。これで鍛えられたのだろうか、稲造のペンマンシップも流麗そのものである。

一九〇〇（明治三三）年出版の *Bushido* はアナ・ハーツホンが稲造の口述するのを筆記して原

稿が出来上がったようであり、しかもアナは筆記中、稲造の見事な英文に驚嘆したという話もある。

稲造流読書法（語学学習法）

これまで稲造が述べてきたことから、私たちはどのような読書法ひいては語学学習法を見習ったらよいのかをまとめてみよう。稲造がこの講演を行ったのが、一九三三（昭和八）年、いまから八〇年以上前のことであるが、外国語でのコミュニケーションの状況は現代と変わりはないはずである。稲造は、それまでに、アメリカおよびドイツでの大学院の教育を受け、資格を持って卒業し、その後、アメリカの大学に交換教授として、また、国際連盟事務次長、太平洋問題調査会理事長として、主として英語を用いて、与えられた役割を立派に果たしてきた。ドイツの大学院ではもちろん、講義・演習はドイツ語であり、論文もドイツ語で作成しているわけで、英語、ドイツ語については堪能であると間違いなく評価できる人物である。英語での演説や講義の回数も他を圧して多い。しかも夫人はアメリカ人であった。著書『武士道』は最初に英語で書かれ、たぐいまれな日本論として、百年を過ぎた現在でも、読まれている。このような人が言うのだから、間違いないはずである。以下に示すように、一見素朴に見える方法であるが、忠実に実行すれば、必ず上達するはずである。要は持続的に実践できるかどうかに成否がかかっている。（カッコ内は、稲造の考えを基に、この本の著者の経験を交えて述べている。）

(1) 読む価値のある書物と判断したら、少なくとも二回は読んでみること。（内容把握の鉄則）

(2) 意味内容は段落ごとに掴むこと。（いわゆるパラグラフリーディングである。上代タノが見た赤い下線（本書第一二章「上代タノ」の項参照）はそれを示している。自分の本であれば、要旨を書き込んでみる。本は汚すものと考えるべき。）

(3) 大声で朗読してみること。（コミュニケーション力が高まる。会話は口を大きく開けて行うもの。日本人はオーの音が出ない。文章作成にも役に立つ。）

日本の近代英語学の基を築いたとされる市河三喜（一八八六―一九七〇）は次のように述べている。

われわれは一高時代に（新渡戸）博士の課外授業を聞いた。会心の章句を朗読された――それが今でも耳朶《じだ》に残って居るが――あの名調子に接し、朗読がいかに文章を作るに必要な要素であるかを切実に知らされた。

（文藝春秋一九四六年・七月号四二頁）

(4) 文章作成能力を高めるためにすぐれた文を暗唱すること。(上代タノが見た青い下線(本書第一二章「上代タノ」の項参照)はそれを示している。単語力、文法力、構文力が向上する。)

(5) 日記を英文で書くこと。(身近な経験を英語にしていくうちに、表現力が高まる。思考の整理に役立つ。)

(6) ディクテーションをたくさんやってみること。(ラジオやテレビの英語講座をまず、テキストを見ないで聞いて、書き取ってみよう。総合的な英語力がつく。)

新渡戸稲造は、とてつもなくたくさんの書物を読んだ人である。博覧強記の人であり、その知識をもって社会の第一線を、いわば請われるままに走り続け、またたくさんの著作を残した人である。その意味で真の教養人と言ってよいだろう。語学力は教養に裏打ちされたものでなければならないことを稲造の歩みは示していると思う。その意味で現代の英語達人の一人である渡部昇一氏の考えと一脈通ずるものがある。渡部氏の著者プロフィールによると、氏は上智大学修士課程を終了後、ドイツのミュンスター大学で学んで博士号を取られ、さらにイギリスのオックスフォード大学で研鑽を積まれている。すぐれた英語学者であるだけでなく、その高度な学識をもって歴史、文明、社会について鋭い評論を展開し続けておられる方である。このように書いてみると、「あれっ、新渡戸稲造そっくりだ」と思われる方が多いと思う。そして、渡部氏の展開する英語教育論もこれまで述べてきた稲造の考え方に通じるものがある。

渡部氏の最新の書籍（二〇一四年三月三一日第一刷）『英語の早期教育・社内公用語は百害あって一利なし』で展開されている議論をまとめると次のようになるだろう。

(1) 英語の早期教育はネイティブ・スピーカーが体育など、からだを動かしながら「動の英語」から入っていくならばリスニング力の強化にある程度期待できる。しかし、日本人の教師が指導した場合、模範となる発音、スピーキングを期待することはむずかしい。一度悪いくせがついてしまうと矯正がむずかしい。早いうちから、英語ぎらいを増産する原因となる。

(2) たとえば、オリンピックの見学に来日した外国人に道案内ができる程度の英語力を身につけることを目標とするなら、それなりのことはできるだろうが、果たしてそれで良いのであろうか。もし、日本のスポーツ、観光地、産業、伝統芸術などについて質問されたら、生徒はどう英語で対処することができるだろうか。

(3) 早期英語教育を推進する前に心すべきは、国語教育をしっかりと行うということである。幅広い知識・教養に裏付けられた英語教育を目指さなければならない。日本語での読書の習慣を身に付けなければならない。

早期英語教育を実施することによって、国語の時間が減ってしまってはならない。

(4) 伝統的で古くさいと言われている訳読、英作文をむしろ強化すべきであり、英文法も軽視してはならない。従来これが英語ぎらいを作り出す原因とされているが、教材、教育法の工夫をすべきである。

(5) 結論的には、早期英語教育はしないほうが良いということになる。国語という教科を早期にはしっかりと行い、読書によってはば広い知識を身に付けてから英語教育を行うことで決して遅くない。

かく述べてきた、新渡戸稲造、渡部昇一という二人の英語達人の提案を勘案して、理想的な英語教育を描いてみるとどうなるであろうか。これを簡単に箇条書きにしてみると次のようになるだろう。

(1) 英語の音声面(聞く・話す)の教育はネイティブ・スピーカーが担当する。

渡部式では、たとえば体育のようなからだを動かす授業を英語でやる。新渡戸式では、札幌農学校方式、つまり教科教育を英語でやるのである。このためには、数教科にわたってネイティブ・スピーカーを雇う必要が出てくる。対象学年は小学校一年からでも実現可能である。直読直解方式の授業もこの項目に入るであろう。つまり、英文を日本語に直さずに理解させるのである。パラグラフ・リーディングはこの直読直解方式の授業で行うことになる。易しめの教材で多読を行わせることができる。

(2) 英作文はネイティブ・スピーカーが担当する。

英語の修辞法に即した英作文教育ができなければならない。したがって、和文英訳でなく、一定の題目にしたがって自由作文をさせ、これを添削指導するのである。

(3) 英語を日本語に訳す、いわゆる訳読方式は日本人が担当する。

伝統的な教育法であるが、これはゆるがせにできないものである。英文を生徒が理解しているかどうかの確認が日本人教師によって成し得るのである。英文の意味と構造の理解を日本語を介して緻密に行うことができる。日本語に直した場合、それが筋の通った文章であるかどうか、つまり日本語の発表力を英文をより深く理解しようとする作業の中で養うことができるのである。

第一四章　特別記事「祖父の日記」加藤武子

（『新渡戸稲造全集』二二「月報」より、許可を得て転載する。）

祖父は若い頃から生涯にわたって英文で日記をつけ続けた。明治時代の英語教育がよほど彼に適していたか、英語ばかりは誰にも負けなかったようで、英文日記を綴ることもごく自然に習慣づけられたそうだ。また非常に多忙な日常生活の中でも寸暇をさいて手紙の返事を書いた。国の内外を問わず視察や講演で旅行に出ると、行く先々から家族の一人一人に便りをよこす人でもあった。この数十年の変遷の中で戦災にも会って、いつのまにか失われてしまったものがあるが、私はなぜか家族の中では案外多く保存していて、今でもときどきとり出しては昔を偲んでいる。

祖父にとっては私のような孫にでも心を配るのはごく自然のことで、兄も私も六歳頃から旅行の祖父から絵葉書などをもらっていた。手紙となると祖父は語り口調で少々長たらしく、時にズーズー弁のままのかな使いでとてもおかしい。一方葉書は至極簡明であったが、どこにいても「お前のことも忘れないよ」という暖かさが伝わって来た。

もともと人の心を大切にする人であったから、日本全国思いがけぬ所に今でも祖父の温情ある手紙を大切にしているという方々が居られると折々耳にし、有難く思う。祖父のいわゆる修養書を縁に、読者から悩みの相談を受けでもすると必ず親身になって応えたからではないだろうか。先日は「一日一言」を若い頃から座右の書として今日の御自分を築く養分となさったという御老人にお目にかかり、かえってその立派なお心がけに頭が下がった。祖父の蒔いた僅かな種からの芳香を、五十数年経た今も折々味わわせてもらう孫の幸せに感謝せずにはいられない。

私は日ごろ祖父の英文日記にふれることは、なるべく避けるようにしてきた。それには大きな経緯があったからでもある。

長年心臓を患って階段の昇り降りも一人でできなかった祖母は、祖父没後に彼の未発表原稿に自ら前書きと後書きを添えて出版し、『英文・武士道』の日本における再版を実現させ、さらに祖父の日記の公開要望に誠意をもって答えようと、五十年にも及ぶ日記に初めて目を通すなど七七歳から体力の著しく衰える終焉ちかくまでの、あの精力的な努力は驚嘆の他なかった。そしてミス・ヴェリーという人を秘書に得て日記を検討し熟考を重ねた上、私の母こと子を枕元に呼び、「この日記は公開しないこと」と言い渡した。

稲造を知って以来一生涯彼への敬愛を増しつづけ、わが子を亡くしてからは夫稲造の次姉の次男をわが子として愛し、一家の喜びも悲しみも共にしてきた祖母である。東洋の異国日本を祖国とし祖父とその家庭のために尽くしてきた気丈夫な祖母が、両眼に涙をたたえて「公開しないこと」と母にきっぱり申し渡したことを、当時十七歳の私もいたく心に銘じないではいられなかった。そう祖母が定めたからには、相応の意味があるのだと私は信じた。けれども、公表できぬなら焼き捨てればよかったではないかとのB・C大学のH先生の言葉は、全く思いもよらぬことで、家族にとっては一家の父長の歴史であり、何ものにも替え難い宝であった。祖母没後直ちに、貴重品と共に三井信託に預けられたのである。記憶をたどると、石の地下道のような廊下を行員に案内されて行くと、マンホールの蓋を等身大に拡大したようなまん丸い鉄の扉があった。鍵で開けて中に入ると十畳大で、たくさんの棚が床から天井近くまであった。母の示すトランクは棚から離れた床の上にあって、鍵を開けると祖父の日記やポケット用の手帳類が重ねられていた。貸金庫というものが人間が入れるような個室であることを、その日まで知らなかった。専有なのか共有なのか知らなかったが、棚も床もおおむねガラガラにすいていた。祖母の没後三年目に嫁ぎ、いつか三十八歳になっていたある日、母から中型のトランクふうの箱が届けられた。ティン・ボックスと家で称していた物で、湿気や害虫から衣類や書類を守るので数個常備されていた。いうまでもなく日記や手帳がその中に移されて、私に託されたのである。私にとってあまりにも大事なものなので、長い間とざされたままであった。

ところが、それから約十年の歳月がさまざまの試練を重ねつつ過ぎてゆくうちに、十月のある早暁、私は暖炉の火のような暖かさを顔のあたりに強く感じ、驚いて目を覚ましました。そして手の届くほどまじかで自分を見おろしている祖父稲造の幻を見た時の驚愕はそれにも増した。この不思議な体験ばかりは、同様な体験をした人にしか説明のしようがないようなことであった。当時私は祖父のことを特に考えていたわけでもない。この体験が作用したかどうかわからないが、突然促されたかのように祖父の日記を見る決心をした。なぜ決心が必要であったか。人の日記も手紙も許可なくして決してみるものではないということは、汝盗むべからず、殺すべからず、とほとんど同じ位の重みをもって私どもの心に根づいていた。たとえただ一人で娘の日記と一日中いても決して見ない私が、祖父の日記をどうして見られようか。

祖父の日記をとうとう読んだ時の感動はたとえようもない。しかし、誰でも感動はしまい。彼は一生の間に実に多方面にわたり活動した。そのどの業績をみても男子一生の仕事に値したと佐藤全弘教授も述べておられたが、祖父自身は自分の能力も価値も常に自ら過小評価して、著しく謙虚であることが日記に散見される。祖父にとって日記帳の紙は神に等しいものではなかったかと、ときどき思わされる。良いことも悪いこともありのまま記されていて、それだけに痛々しくさえ思える。元旦の決意の項目があれば、年末にはそのうちいくつ実行できたか記されている。人生を実に真剣に生き続けた。几帳面に綴る日記が時に何ケ月も白紙となり、あるいは欠如しているのを知ったのは初めて日記を開いてからである。欠如の時期を考えると極度に多忙な年月を送った結果、心身共に疲労し果てた時期に当たる。ペンを執り過ぎて書痙になった時期もある。また日記の記述が公の記録と全く一致していることも、一度ならず証言され感銘を覚えた。一つはバークマンの論文が私の日記による証言を裏付け、一つは高倉先生の寄稿文がはからずも祖父の日記が常に正しく記されていることの証言ともなった。

国際的に、日本の近代史上重要視されている一九三三年の記録がないことは、私としても非常に残念でならない。この日記は祖母が読んでいたのであるから、祖母が処分したか、盗まれたかのいずれかで、私に託された時はすでになかった。

さかのぼって一八九七年の祖父の日記が白紙であることは、その前年までの日記のすさまじいほど多忙な記録でうなずけるのである。前年までの日記は心身過労のために神経衰弱にまで追いこまれるプロローグでもある。長男遠益を失った一八九二年以後一八九六年までの札幌における日記は、信望厚い北大名誉教授高倉新一郎先生の「新渡戸先生と札幌」(グローバル札幌、一九八四年冬季号、一九、一八ページ)の一文と全く一致し、祖父の良心と行動の平凡ならざるを感じさせられる。ちなみに静養休暇をとるまでの彼の遂行した日々の任務について、高倉先生のお許しを願って引用させていただく。

「その頃札幌農学校が新しい日本を背負って立つような期待をかけられた我国最高学府の一つであったことから、一地方官庁の所属に堕ち、存続さえ危ぶまれる状態にあり、佐藤昌介学長は宮部金吾、新渡戸稲造、南鷹次郎を中心にその挽回に力を入れている最中であった」と高倉先生は述べておられる。こういう状態にあれば、祖父が全力をあげて献身するのは火を見るよりも明らかである。その挽回に尽力しようとする熱烈な思いに加えて、「彼の受け持った授業は本科の農政学・植民論・農史・農学概論・経済学・ドイツ語・予科の英語・倫理。その持ち時間に（週二十時間をはるかに超えていた」と高倉先生は述べている）加えて予科主任、図書館主任、寄宿舎舎監、教務主任、衛生委員長を兼務し、教育体勢を整備し従来の実用本位的な米国式教育にドイツのゼミナール制を、各専門科目に分かれた実験に対するものとして農業経済科にとり入れ、これを演習と名づけ、大学院に相当する研究をなし得る体制を整えた。又教授としての本務の外に道庁技師を兼ね、札幌付近の泥炭の研究に力を注ぎ、北海道の小作制度の調査も行った。さらに日曜には学生のために自宅でバイブルクラスを開き、学校では予科生の学芸会を組織し、雑誌、『蕙林《ケイリン》』を発行し、自らも参加し互いの親睦向上を図った。学生のテキストとして、ドイツ語はゲーテのファウスト、英語にはカーライルのサーター・リザータスなどを使って講義し、学校外においても日本語、英語などで発表をなし、道内での講演も行った」というものである。これに加えて、一八九五、六年当時から祖父は実姉の次男 孝夫《よしお》をわが子として家庭に迎え入れていた。孝夫は稲造の一子遠益の誕生に続く死亡と同年の一八九二年五月に生まれた。祖母メリーは遠益の産後病身となり、アメリカの実家から看護婦兼カイロプラクタアのレイチェル・リードが送られて同居していた。学生の出入りも多く内外共に繁雑を極めていた。この生活の中で祖父は遂に倒れ、一時日記が白紙となる。

あの明るくて慈しみ深い祖父の真摯な生き方が、時に日記すら書けない日々を与えた。記録のないこの日々に私は限りない同情を覚える。

引用・参考文献一覧

・青山なを『伝記叢書八一　安井てつ伝』大空社　一九九〇
・天野正子他編集『フェミニズム文学批評』岩波書店　二〇〇九
・飯野正子他『津田梅子を支えた人びと』津田塾大学　二〇〇〇
・植木武『国際社会で活躍した日本人』弘文堂　二〇〇九
・氏家幹人他『日本近代国家の成立とジェンダー』柏書房　二〇〇三
・内川永一朗『永遠の青年　新渡戸稲造』新渡戸基金　二〇〇二
・太田愛人『「武士道」を読む』平凡社　二〇〇六
・大山瑞代『英国と日本――架橋の人びと――』思文閣出版　一九九八
・緒方貞子・半澤朝彦編著『グローバル・ガヴァナンスの歴史的変容　国連と国際政治史』ミネルヴァ書房　二〇〇七
・岡野幸江他『女たちの戦争責任』東京堂出版　二〇〇四
・神渡良平『太平洋の架け橋　新渡戸稲造』ぱるす出版　二〇〇二
・亀田帛子『津田梅子とアナ・C・ハーツホン』双文社出版　二〇〇五
・亀田帛子『津田梅子　ひとりの名教師の軌跡』双文社出版　二〇〇五
・河井道『わたしのランターン』新教出版社　一九六八
・菅聡子『女が国家を裏切るとき――女学生、一葉、吉屋信子』岩波書店　二〇一一

・木畑洋一他編著『帝国の長い影』ミネルヴァ書房　二〇一〇
・木村恵子『河井道の生涯』岩波書店　二〇〇二
・金田一春彦他（監修）『新世紀　ビジュアル大辞典』学習研究社　一九九八
・佐藤全弘『新渡戸稲造の信仰と理想』教文館　一九八五
・佐藤全弘・藤井茂『新渡戸稲造事典』教文館　二〇一三
・産経新聞取材班『日本人の足跡』一　産経新聞、二〇〇一
・柴崎由紀『新渡戸稲造ものがたり』銀の鈴社　二〇一三
・ジョンズ、M．ルファス著　佐久間寅之助訳『ジョージ・フォクス物語』平井真美館　一九九一
・須知徳平『新渡戸稲造と武士道』青磁社　一九八四
・高橋裕子『津田梅子の社会史』玉川大学出版部　二〇〇二
・鳥居清治訳注『新渡戸稲造の手紙』北海道大学図書刊行会　一九七六
・西村裕美『小羊の戦い』未来社　一九九八
・新渡戸稲造　矢内原忠雄訳『武士道』岩波書店　一九三八
・新渡戸稲造『新渡戸稲造全集』教文館　一九八七
・新渡戸稲造　加藤武子訳『幼き日の思い出』丸善　一九九六
・新渡戸（河野）孝夫「新渡戸博士の心境を想ふ」『文藝春秋』文藝春秋社　一九三三（一二月号）
・八田晃夫著・磯貝正雄編著『後藤新平　夢を追い求めた科学的政治家の生涯』二〇〇六
・浜田陽太郎他『近代日本の教育の記録』日本放送出版協会　一九七八

・松隈俊子『新渡戸稲造』みすず書房　一九六九
・御厨貴編『時代の先覚者　後藤新平』藤原書店　二〇〇四
・三井綾子『教育者という生き方』ぺりかん社　二〇一二
・百石町誌編纂委員会『百石町誌』百石町　一九八四
・守部嘉雅『勝海舟　最期の告白』いのちのことば社　二〇一三
・山口修『日中交渉史』東方書店　一九九六
・山室建徳『大日本帝国の崩壊』吉川弘文館　二〇〇四年
・横須賀薫（監修）『教育の歴史』河出書房新社　二〇〇八
・吉屋信子『作家自伝66　吉屋信子』日本図書センター　一九九八
・吉屋信子『吉屋信子全集』朝日新聞社　一九七六
・歴史学研究会・日本史研究会『日本史講座』東京大学出版会　二〇〇五年
・和田春樹他（編）『東アジア近現代通史4』岩波書店　二〇一一
・渡部昇一『英語の早期教育・社内公用語は百害あって一利なし』李白社　二〇一四
・渡辺義雄『クエーカー主義と土着性』キリスト友会日本年会　一九七四

なお、聖書の引用は、『新改訳聖書』第二版を用いた。

あとがき

私が加藤武子さんを知ったのはほんの一年前のことです。夏のある日、私たちの家族は尊敬する大先輩である方のお招きをいただき、ご馳走にあずかった時のことでした。おいしい料理をいただきながら、話はいつか武子さんのことに向けられていきました。新渡戸稲造先生のお孫さんであることがまずわかりました。この時点で私は胸がわくわくし始めました。なぜなら、一度は新渡戸稲造と内村鑑三という近現代史上まれに見る偉大な人物たちを深く勉強してみたいと思っていたのですが、なかなかチャンスが巡ってこないでいました。恥ずかしながら、お二人のご召天の年令を越えた年になってようやく始動しはじめたところだったのです。

話は弾んで、すでに武子さんとの交流が始まっていた、先の先輩のご令嬢の案内で武子さんにお目にかかることになりました。お会いしての第一印象は、気品のある、しかし気さくな方だなということでした。お話を通じて、記憶力のたしかな方であることもわかりました。四、五歳の頃スイスに住まわれていましたが、その頃、メイドとして働いていた人の名前をすらっとおっしゃったり、一二、三歳の頃、軽井沢でN響の育ての親であるローゼンストックさんとテニスを楽しんだことなど、まことに細かなことに及ぶまで、よくおぼえておられました。

武子さんのお話を聞いているうちに、新渡戸稲造先生のこと、そしてこの偉大な人物のもっとも近くで過ごされた武子さんやご家族の方々についてのことを活字にできたら、研究者や関心をお持ちの方々にも役に立つのではないかと考えるようになりました。

幸い、武子さんも快く、私の案に同意され、かくて本書のようなものができあがった次第です。

本書が出来上がるまでには多くの方々にお世話になりましたが、お一人おひとりのお名前を申し上げぬ失礼をお許しください。A&Aコーポレーション取締役の田家昇さんには前著同様、格別のお世話になりました。心よりお礼申し上げます。

表紙・装丁は、若き友人のグラフィックデザイナー石黒郁彦さんにお願いしました。

なお、記述上の過誤の責任のすべては私が負うべきものです。

寺田　正義

二〇一四年十月十六日　新渡戸稲造先生召天記念の日

写真提供者（順不同）〈敬称略〉

加藤　武子　　加藤　幸子　　後藤　政彦　　近森いづみ
寺田　紀子　　寺田　正義

《著者紹介》

加藤（旧姓 新渡戸）武子（かとう（にとべ）たけこ）

米カリフォルニア州モントレイ・カレッジにて学ぶ。翻訳家、著述業

《主な訳書》

Inazo Nitobe: *The Reminiscences of Childhood*『幼き日の思い出』(『新渡戸稲造全集に収録)

寺田正義（てらだ まさよし）

1937年横浜市生まれ。東京教育大学文学部卒業。私立および国立大付属高等学校教諭、国公立および私立大学教授を務め、2008年定年退職。

《主な著書・論文》

『言語変容の基礎的研究』(朝日出版社)、『英語科教育法入門』(共著、学文社)、『英語要覧』(共著、大修館)、'The Controllability of Non-finite Verbs' (The Bulletin of Yamagata University)、「日本語の数量詞移動について」(『成田義光教授還暦祝賀論文集』(英宝社)、「ロラード派の系譜」『歴史と神学』(大木英夫教授喜寿記念献呈論文集)(聖学院大学出版会) など。

マイグランパ 新渡戸稲造
ただ一人の生き証人の孫が語る

検印省略

©2014年10月24日　初版第1刷発行

著　者　加藤武子／寺田正義
発行者　原　雅久
発行所　株式会社 朝日出版社
〒101-0065 東京都千代田区西神田3-3-5
TEL (03)3263-3321(代表) FAX (03)5226-9599
印刷所　図書印刷株式会社

乱丁、落丁本はお取り替えいたします

ISBN978-4-255-00801-1 C0095